3 4 5 歳児の製作あそびネタ

作って遊べる カンタンおもちゃ

季節・行事のおもちゃ　**スグできる！ラクラクおもちゃ**　**カンタン！製作おもちゃ**

行事の製作、保育参観、いつもの保育でも！

たっぷり 160ネタ以上

はじめに

子どもたちが感性を働かせ、ものを作ることは、人間が成長するうえでもっとも基本的で大切なことです。その行為は知性の土台となり、子どもを確かな育ちに導きます。

本書では、もの作りの本質的な要素を盛り込みながら、子どもたちが楽しく作れ、しかも作ったもので遊べる、とっておきのオリジナルおもちゃを多数考えました。

本書をぜひ、日常の保育に加え、生かしていただけることを願っています。また、それぞれの現場や機会において、独自のアレンジを加えながら活用されることをおすすめします。

子どもの日々の楽しみと成長に、子ども同士やさまざまな人々との輪づくりに、そして作品展に生かしていただければ、これにまさる喜びはありません。

竹井　史

こんな本です

『製作物は、作って終わりじゃもったいない！
遊べたらもっと楽しいのに！』
そんな要望にこたえて、
「遊べる製作おもちゃ」ばかりを
大集合させました！

製作が大好きな愉快な仲間たち

わたしたちが案内します。楽しい製作物といっしょに遊んでいるよ、見つけてね！

マジック・タマ
材料をチョイとマジックして、ステキな製作物に変えちゃうよ！

ビーバーさん
タマの助手。自慢の前歯で何でも削って、コケシにしてしまう腕前！

ダチョコさんと三つ子のダッコ、ダッピ、ダッポ
ダチョコさんもタマの助手で肝っ玉母さん！　三つ子はみんな食いしん坊でやんちゃ。

1 すべてが、ゼッタイに遊べるおもちゃ！

自分で作ったおもちゃだから、遊ぶときの楽しさも倍増！
「作って楽しい！　遊んで楽しい！」、遊べるおもちゃがたっぷり詰まっています！

2 アイディアたっぷり！160ネタ以上！

『遊びが広がるバリエーション』で、さらに遊べるネタが満載！
基本形を少し変えるだけで、新しい製作物ができる『ちょこっとアレンジ』、楽しい遊び方を紹介した『もっと遊ぼう！』、さらに、『おまけ』の製作まで載っています！

3 ナットクして作れ、もっと遊びたくなる工夫！

製作をサポートし、遊びを楽しく広げるための関連コラムを随所に用意！「子どもがワクワクする工夫」とともに、子どもの夢中をフォローする情報がいっぱいです！

この本の見方・使い方

4 内容がぎっしり！しかも、見やすく、わかりやすい！

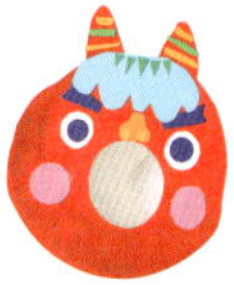

カンタン度スケール

この本に載っている製作はどれもが簡単！ そのため、難易度ではなく、「超カンタン」～「カンタン」までのカンタン度で示しています！

目的で選べる6つの章！

『季節・行事のおもちゃ』『スグできる！ラクラクおもちゃ』『カンタン！ 製作おもちゃ』『おそとで遊ぼう！』『おみせやさんごっこ』『親子でいっしょに！』の6章にまとめています。いろいろな場面や活動の機会を考えているので、必要な章から選べます！

わかりやすいイラストや写真がいっぱい！

遊び方や作り方のポイントが、ひと目でわかるイラスト。写真もふんだんに取り入れて、製作をわかりやすく手助けします！

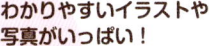
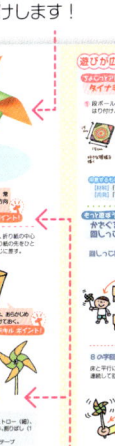

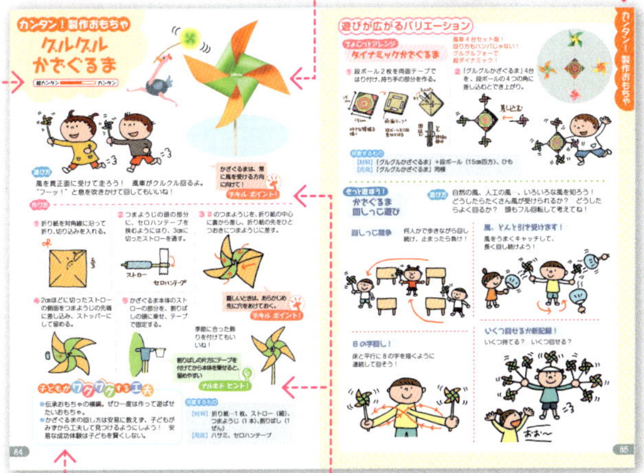

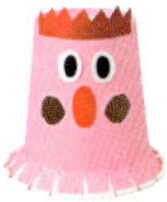

「子どもがワクワクする工夫」

製作や遊びの過程で、子どものやる気をサポートするポイントです。材料や指導のし方、環境面など、あらゆる方向から提案しています。

「デキルポイント！」「ナルホドヒント！」

ここを守れば必ずできる製作のコツやポイント、気づきのヒントなどです。製作手順から遊びの紹介にいたる、必要なか所にちりばめて案内しています。

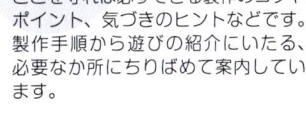

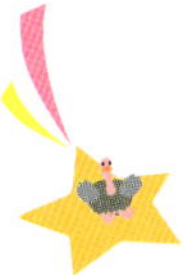

5 巻末ページには、材料や用具を使うときのコツやポイントを解説！

CONTENTS

- 1 はじめに
- 2 こんな本です
- 3 この本の見方・使い方

季節・行事のおもちゃ

- 8 フワフワ！ペットボトル
- 9 キラキラ！ペットボトル
  ペットボトルフィッシュ
  シャカシャカマラカス

- 10 封筒こいのぼり
- 11 こいのぼりバッグ
  コンパクトこいのぼり

- 12 スイスイこいのぼり
- 13 のぼるこいのぼり
  飛べ飛べ！こいのぼり
  パクパクこいのぼり

- 14 七夕ササかざり
- 15 どうぶつ短冊
  ないしょね！短冊
  天の川

- 16 ジャンボ七夕人形
- 17 つりつりジャンボ人形
  つきつきながれ星

- 18 連射式水でっぽう
- 19 ふみふみ水でっぽう
  ストロー水でっぽう
  水でっぽう的当てアイディア

- 20 クルクル円盤船
- 21 エンジン2基オール船
  スケルトン動力船

- 22 ストローエアー宇宙船
- 23 パタパタ船ずもう
  紙皿エアー、パック船
  連れてって船

- 24 どんぐりぼうや
- 25 なかよしどんぐり連盟
  どんぐりコンビ
  バランスどんぐり
  さかだちやじろべえ
  つながれ！つながれ！競争

- 26 あいさつぼっくり
- 27 ユラユラマツボックリくん
  どんぐり星人

- 28 びっくりクリスマス
- 29 びっくりピョーン！ウサギ
  それ行け！ピョンピョン競争
  パッチンピョーン！

- 30 どうぞどうぞサンタさん
- 31 首振りトナカイ
  紙皿ツリー
  ギザギザリース

- 32 パクパクおしし
- 33 大口あけた、パクパクだあれ？
  ワニくんパクパク
  カバちゃんパクパク
  クネクネスネーク

- ㉞ ストローグニャだこ
- ㉟ ストローダイヤだこ
  たこ揚げ名人！

- ㊱ CDごま
- ㊲ CD棒ごま
  紙巻ごま
  ホイルごま
  こま回し大会

- ㊳ UFOごま
- ㊴ ワッシャーごま
  混色ごま

- ㊵ パクパク鬼さんの豆キャッチ
- ㊶ 大口パクパク鬼さん
  赤鬼、青鬼豆入れ合戦！
  ウエストポーチ豆入れ

- ㊷ ロケットパンチ de 鬼だいじ
- ㊸ 元祖 ストローロケット
  プープーロケット
  安全！ 吹き矢

- ㊹ ユラユラおひなさま
- ㊺ ロッキングユラユラ大会
  壁掛けおひなさま
  紙皿 de おひなさま

- ㊻ 着せ替えおひなさま
- ㊼ 紙皿アーチおひなさま
  風船おひなさま
  傘モビールおひなさま

スグできる！ラクラクおもちゃ

- ㊽ こんにちは　コップちゃん
- ㊾ コップちゃん de ピンポンずもう
  コップちゃん de 積み積みコップ
  コップちゃん人形劇

- ㊿ ストロー笛
- 51 ストローホイッスル
  ストローラッパ笛
  トロンボーン
  葉っぱの形 de クルクル笛
  折り方超簡単！　ビービー笛

- 52 ミミンバ
- 53 Wミミンバ
  アニマルホーン
  アヒルのガービー
  カエルのグワッチ

- 54 ふしぎヘコヘコ
- 55 ヘコヘコ相撲
  カラフルストロー de ヘコヘコ競争
  ヘコヘコブラザーズ

- 56 クルクルプロペラ
- 57 クルクルアニマル
  クルクルダーツ
  キンペラ、キャンペラ
  クルクルストロー

- 58 クルクルちゃん
- 59 七夕飾りクルクルちゃん
  走って！ 走って！ クルクルちゃん
  クルクルタコちゃん

- ⑥⓪ ブンブンごま
- ⑥① ジャンボブンブン
  ブンブンギネスに挑戦！
  いろいろブンブン

- ⑥② キラキラぼうえんきょう
- ⑥③ キラキラ万華鏡
  色がチェンジ！
  ダブル万華鏡

- ⑥④ 六角がえし
- ⑥⑤ いろいろ３コマストーリー
  じゃんけんグーチョキパー
  ジャンボ六角がえし

- ⑥⑥ ヘソヒコーキ
- ⑥⑦ とんがり飛行機
  紙飛行機オリンピック

- ⑥⑧ ブルルン　紙トンボ
- ⑥⑨ 色イロカラフル紙トンボ
  横飛ばし
  逆さ飛ばし
  紙トンボキャッチ！
  着地ゲーム

- ⑦⓪ モコモコくん
- ⑦① ちょんまげちゃん
  おもち、ブク〜！
  いないいない、ばあ！

カンタン！製作おもちゃ

- ⑦② ポンポンボール
- ⑦③ ダブルポンポン！
  ポンポン名人にチャレンジ！
  動物ポンポン

- ⑦④ タオルパペット
- ⑦⑤ ミニタオルパペット
  こんにちは！　パペット

- ⑦⑥ パタパタ鳥
- ⑦⑦ 元祖　紙コップ人形
  スノーマン

- ⑦⑧ ユラユラおばけ
- ⑦⑨ ベロ出しおばけ
  ブルブルおばけ

- ⑧⓪ 新聞紙マジカルツリー
- ⑧① ジャンボツリー
  カラフルタワー
  つながれ！　つながれ〜！

- ⑧② ごらいごう（ご来迎）
- ⑧③ ごらいごういろいろバージョン
  応援プラカード
  色イロなボカシがきれい！

- ⑧④ グルグルかざぐるま
- ⑧⑤ ダイナミックかざぐるま
  かざぐるま回しっこ遊び

- ⑧⑥ 水中エレベーター
- ⑧⑦ ストローdeいろいろ浮沈子
  これぞ浮沈子！　おさかなちゃん
  フワフワ宇宙人
  浮いてこい！　マジック

CONTENTS

- 88 紙パックフリスビー
- 89 ソフトフリスビー
  フリスビーオリンピック3種競技
  ミニブーメラン

- 90 割りばしでっぽう
- 91 シューティング対戦
  ボトルホルダー&的
  紙でっぽう

- 92 アニマルパラシュート
- 93 着地ゲーム大会
  うちわでパタパタ
  三角パラシュート

- 94 傘袋ロケット
- 95 ハイテク傘袋ロケット
  飛距離コンテスト
  ロケット的当てゲーム
  輪くぐりワープ！

- 96 ポヨヨンロケット
- 97 ポヨヨン号新型3機種
  ポヨヨンロケット惑星探検
  ポヨヨンロケット月面着陸

- 98 紙パック迷路
- 99 可変式箱迷路
  シャカシャカ分けっこ

- 100 レーシングカー
- 101 GO！ GO！ サーキットレース
  メガタイヤ、オフロードカー
  ジョイントカー（貨物）

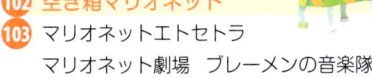

- 102 空き箱マリオネット
- 103 マリオネットエトセトラ
  マリオネット劇場　ブレーメンの音楽隊

おそとで遊ぼう！

- 104 どろんこレストラン
- 106 ツルピカだんご
- 108 シャボン玉マシーン
- 110 ペットボトル de お絵描き
- 111 水車 de 遊ぼう！

おみせやさんごっこ

- 112 フワフワケーキ
- 113 トロピカルパフェ
- 114 焼き焼きピザ
- 115 焼き焼きクッキー
- 116 ジュースやさん
- 117 ジャムやさん
- 118 ワイワイつり堀

親子でいっしょに！

- 120 トントン人形
- 121 丸太棒マリオネット
- 122 ベル人形ニンジンちゃん

製作おもちゃの達人になる！

- 124 材料を知りつくす！
- 126 用具を使いこなす！

季節・行事のおもちゃ
フワフワ！ペットボトル

超カンタン ▬▬■▬▬▬▬ カンタン

春 ４月の初めごろから

フワフワを見つけよう！

遊び方

花びらを集めて、水の入ったペットボトルに入れ、立てたり、逆さまにしたり、転がしたりしてみよう。フワフワと浮かんだり沈んだりするのがきれい！

作り方

① 花びらや葉っぱは、軽く洗って汚れを落とす。

② ペットボトルに①を入れ、水を入れてしっかりキャップをする。

実験しよう！

花びらのほか、葉っぱ、小枝、小石、木の実といった自然物などもいろいろ入れて試してみよう！

子どもがフワフワする工夫

- 水は子どもたちの最も身近な素材。いろいろな水遊びを通じて水の特性を学ぼう。
- ゆっくりと形を変えながら移動する花の動きを楽しみながらじっくり味わおう。
- 水に、キャップ１/２杯の台所用漂白剤を入れると花が長持ちする（しっかりキャップをした後、必ずテープで巻くことが条件）。

用意するもの

【材料】円筒形ペットボトル、花びらや自然物、身近な小物類、水

遊びが広がるバリエーション

もっと遊ぼう！
キラキラ！ペットボトル

遊び方 水の入ったペットボトルに、ビーズやキラキラテープを入れて振って遊ぼう！らせん状に巻いたワイヤーに、ビーズを通して入れてもきれい！

おまけ　ペットボトルの浮力、推進力はスゴイ！
ペットボトルフィッシュ

用意するもの
【材料】ペットボトル
【用具】丸シール、ビニールテープ、油性ペン

作り方 ペットボトルに模様を描いたり、丸シールで目をつける。

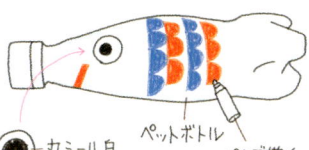

遊び方 水の中に沈めて手を離すと、ピョンと飛び出すよ！

おまけ　ペットボトルの透明感って最高！きれいで音も鳴るよ！
シャカシャカマラカス

用意するもの
【材料】ペットボトル（350mℓ）…2本、ビーズ（色とりどり）など、たこ糸
【用具】キリ、ビニールテープ、油性ペン

作り方

1. ペットボトルのキャップに、それぞれ2個ずつキリで穴をあける。

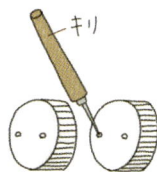

2. キャップにたこ糸を通して2個のキャップをつないで固定する。

3. 中にビーズなどを入れて、ペットボトルに絵を描いたり、テープをはったりするとでき上がり。

季節・行事のおもちゃ

季節・行事のおもちゃ

封筒こいのぼり

超カンタン ▬▬▬▭▭ カンタン

春 子どもの日

遊び方

封筒と折り紙のコンビでできるこいのぼりたち。それぞれの種類と色の組み合わせでバリエーションはいっぱい！
たくさん作って、たくさん泳がせよう！

作り方

基本のこいのぼり（胴体）

パタパタうろこ

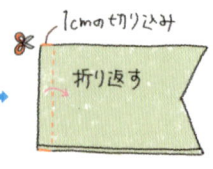

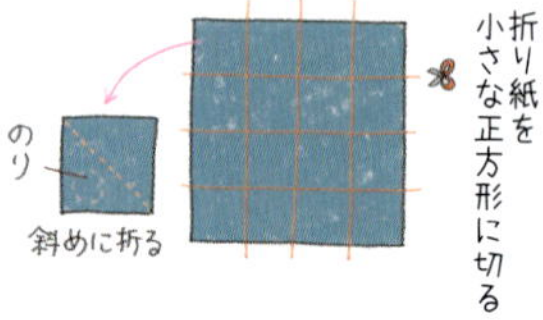

重ねカールうろこ

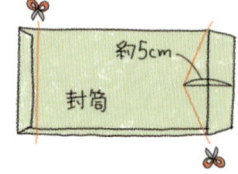

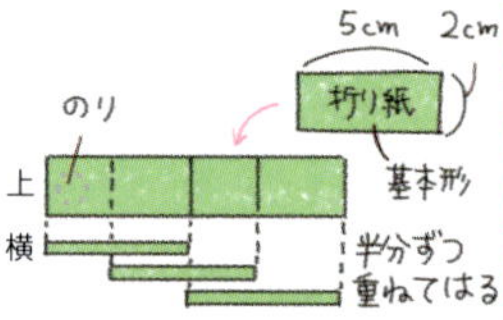

とんがりうろこ

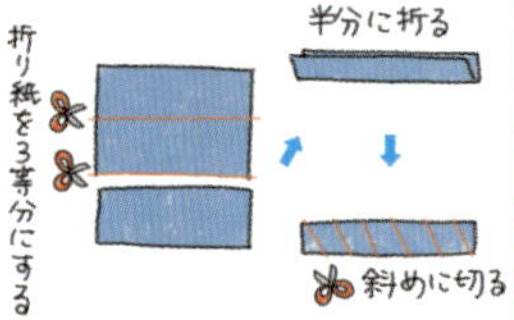

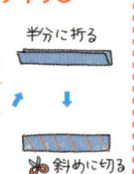

組み込みうろこ

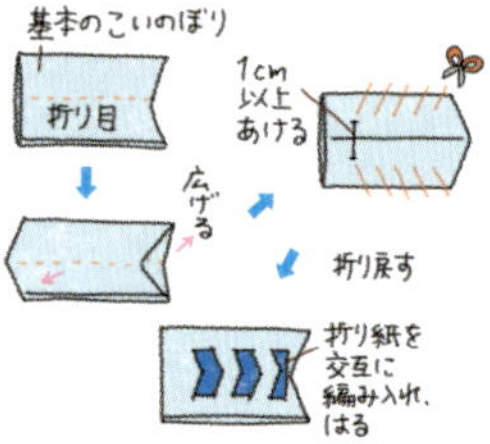

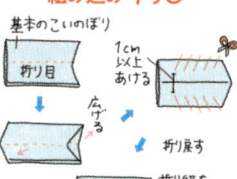

子どもがワクワクする工夫

- 紙を折って形を作る仕事は、子どもの身近なデザインの仕事！
- いろいろな折り方を工夫して発表し合ったり、色の並び方を変えたりしながらいろいろ進化させよう。

用意するもの

【材料】封筒、折り紙、色画用紙、丸シール
【用具】ハサミ、のり

遊びが広がるバリエーション

季節・行事のおもちゃ

ちょこっとアレンジ
こいのぼりバッグ

大きい封筒と折り紙で
おしゃれなバッグを作ろう！

用意するもの
【材料】クラフト封筒、折り紙、両面折り紙、リボン
【用具】ハサミ、のり、キリまたはカルコ、油性ペン

作り方
1. クラフト封筒を図のように切って胴体を作る。

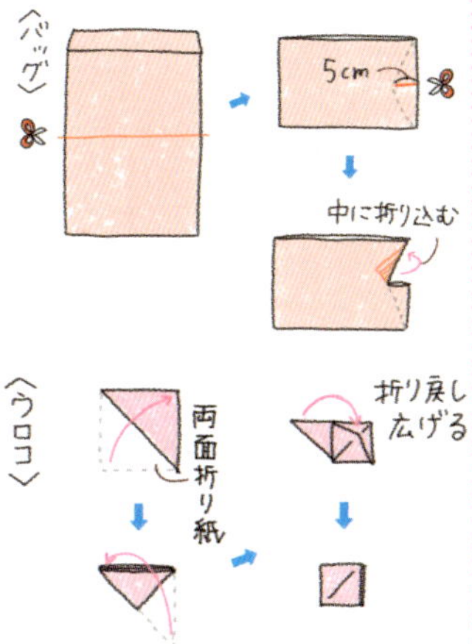

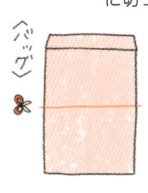

2. うろこを付けたり顔を描いたりする。

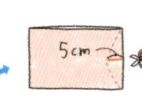

3. 取っ手のリボンを付けるとでき上がり。

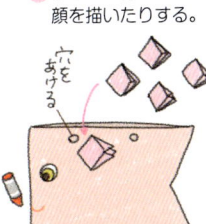

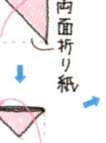

おまけ　取っ手を持ったり手首に通したりして走ると泳ぐよ！
コンパクトこいのぼり

用意するもの
【材料】紙コップ、厚紙、たこ糸、折り紙やシール
【用具】ハサミ、のり、キリまたはカルコ

作り方
1. 紙コップは、縁（飲み口の部分）を押してつぶしてから切り取る。

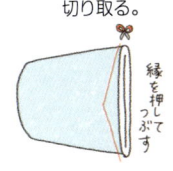

2. 目やうろこの模様を付けてから、底に穴をあけ、たこ糸を通す。

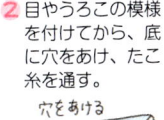
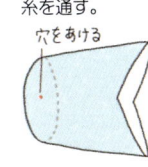

3. 取っ手に結ぶとでき上がり。

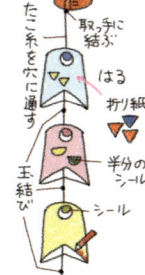

季節・行事のおもちゃ
スイスイ こいのぼり

超カンタン ▰▰▰▱▱ カンタン

春 子どもの日

遊び方 手首のスナップを利かして斜め上へ飛ばすのがコツ！ 空中に"ヒュン"っと投げると、スイスイ泳ぐように飛んでいくよ！

作り方

① 折り紙を→の順番に折っていく。

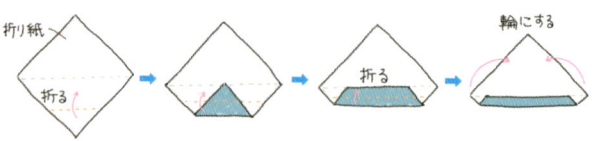

② 1を筒状に巻いて留める。

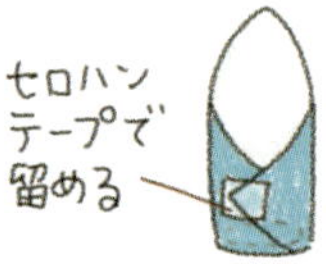

セロハンテープで留める

③ ペンで模様を描くとでき上がり。

持ち方

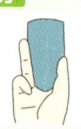
親指とくすり指を筒の下にそろえる。

ひとさし指と中指を筒の中に入れる。

子どもがワクワクする工夫

- 遊んだおもちゃは、壁面飾りなど再利用の道を考えよう！ 自分で飛ばして遊んだこいのぼりは愛着も倍増！
- 保育者のセロハンテープは、色付きを使うと、子どもにわかりやすい。

用意するもの
【材料】折り紙
【用具】油性ペン、セロハンテープ

遊びが広がるバリエーション

季節・行事のおもちゃ

ちょこっとアレンジ
のぼるこいのぼり

厚紙の雲に「スイスイこいのぼり」を乗せて、"それ、天までのぼれ〜!"

用意するもの
【材料】厚紙、ストロー、たこ糸、輪ゴム
【用具】ハサミ、セロハンテープ、水性ペン

作り方
1. 模様を描いた台紙の裏に、たこ糸とストロー、輪ゴムを図のように通してセットする。

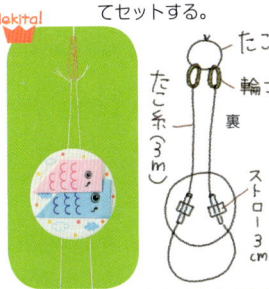

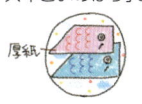
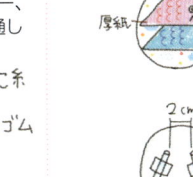

2. 表に、平らにした「スイスイこいのぼり」をはる。

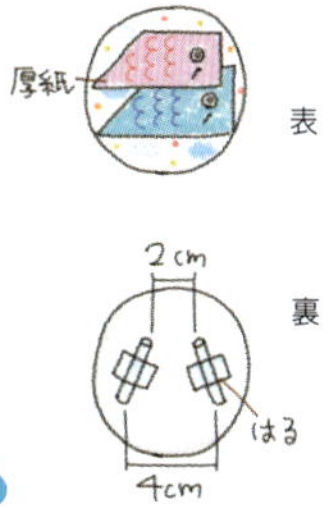

遊び方
たこ糸を交互に引っ張ると、輪ゴムのバネでこいのぼりがスイスイ上がるよ!

もっと遊ぼう!
飛べ飛べ! こいのぼり

遊び方 保育室の壁面や、テラスのガラスなどを大きな空に見たてて、遊んだ後の「スイスイこいのぼり」をいっぱい飾ろう!

おまけ ポリ袋が、こいのぼりの大きな口に変身!
パクパクこいのぼり

作り方
1. キッチンポリ袋を→の順番に折ってこいのぼりを作る。

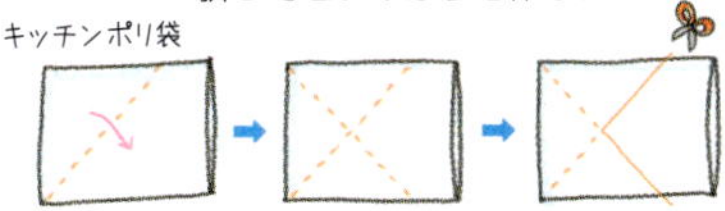

用意するもの
【材料】キッチンポリ袋(半透明)、もめん糸(太口)、スズランテープ
【用具】ハサミ、セロハンテープ、油性ペン

遊び方 糸を持って走ると、こいのぼりが口をパクパクさせて追いかけてくるよ。食べられないように逃げろ、逃げろ〜!

2. 糸やテープを図のように取り付けて、模様を描く。

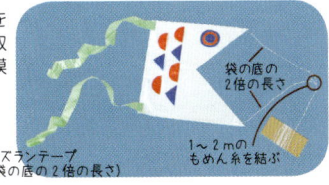

季節・行事のおもちゃ

七夕 ササかざり

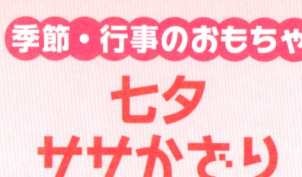

超カンタン ■■■■■□□□ カンタン

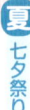

夏 七夕祭り

じてんしゃがほしい けいすけ

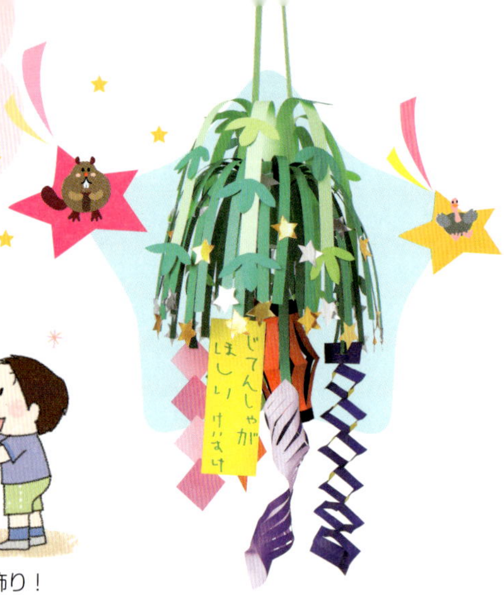

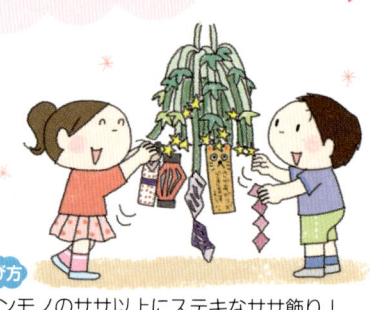

遊び方

ホンモノのササ以上にステキなササ飾り！
飾りや短冊もいっぱい作って、いっぱい飾ろう！

作り方

●ササ

1 色画用紙を切ってササを作る。

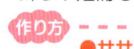

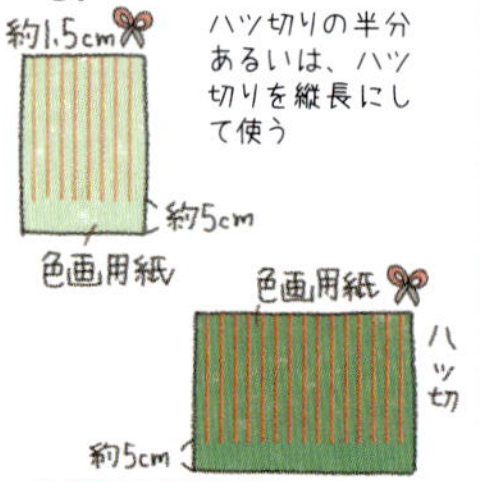

約1.5cm
ハツ切りの半分あるいは、ハツ切りを縦長にして使う
約5cm
色画用紙
色画用紙
ハツ切
約5cm

2 トイレットペーパーの芯（上・下）に 1 をはり、引っ掛け用の輪を作る。

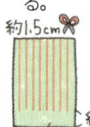

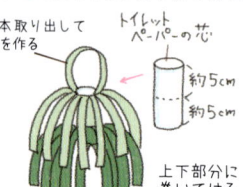

2本取り出して輪を作る
トイレットペーパーの芯
約5cm
約5cm
上下部分に巻いてはる

3 短冊などの飾りをつるすとでき上がり。

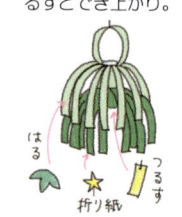

はる
折り紙
つるす

●コザサ

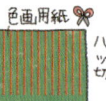

折り紙1/2～1/3
半分に折る

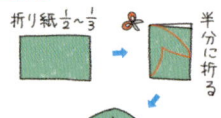

●ほうき星

折り紙を→の順番に折って星を作る。

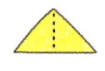

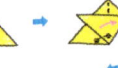

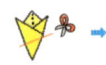

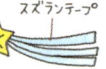

スズランテープ

子どもがワクワクする工夫

七夕は平安時代から続く日本の伝統行事。七夕に作る網は豊漁を願って、野菜の動物はお盆のお供えなど、飾りのひとつひとつに意味があるよ。

用意するもの

【材料】色画用紙…ハツ切り１枚＋ハツ切りの半分、トイレットペーパーの芯、折り紙
【用具】ハサミ、のり、水性ペン

遊びが広がるバリエーション

ちょこっとアレンジ
どうぶつ短冊

二つ折り対称切りのアイディア！
広げると、かわいい動物たちになるよ。

【用意するもの】
【材料】色画用紙
【用具】ハサミ、水性ペン

作り方

イヌさん短冊　　ウサギさん短冊　　ゾウさん短冊

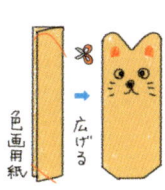

ちょこっとアレンジ
ないしょね！短冊

ないしょにしたい願い事が見えないように、隠せるしかけになっているよ！

【用意するもの】
【材料】折り紙、色画用紙、こより
【用具】ハサミ、セロハンテープ、水性ペン

作り方

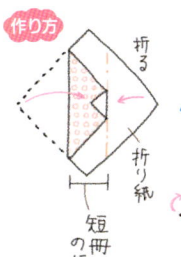
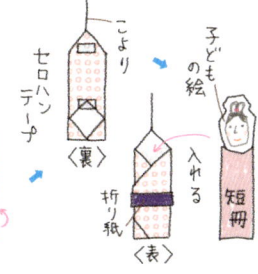

おまけ
天の川

不織布のしなやかさが魅力。
壁面にはったり、天井からつるすのもOK！
七夕のムードがグンと盛り上がるよ！

【用意するもの】
【材料】不織布、折り紙
【用具】ハサミ

作り方 不織布を畳んで、左右から切り目を入れる。

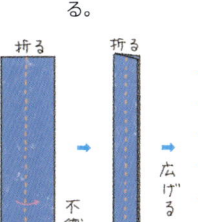

ナルホド ヒント！ 三角にジグザグに折って切ると、アミになるよ！

ナルホド ヒント！ 折り紙で星を作ってはったり、短冊をつるしてもいいね！

季節・行事のおもちゃ

季節・行事のおもちゃ
ジャンボ七夕人形

超カンタン━━━カンタン

夏 七夕祭り

遊び方
作った人形の短冊に絵や願い事などを描いて、窓や軒先につるして楽しもう！

作り方

1. キッチンポリ袋に空気を入れて、口を絞ってセロハンテープで留めたボールを4～5個作る。

2. カラーポリ袋の両端をセロハンテープで絞って耳を作った後、袋の中に①で作ったボールを入れて首の部分をセロハンテープで留める。

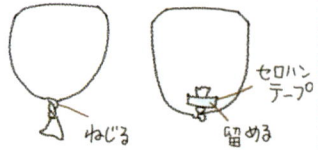

3. 丸シールやビニールテープ、油性ペンを使って顔を描く。

4. 頭の部分に、セロハンテープで挟んだひもを付けてぶら下げ、短冊を図のように人形の内側からぶら下げるとでき上がり。

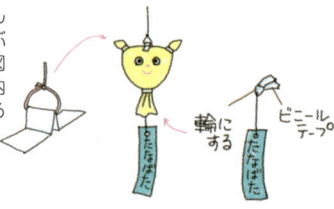

子どもがワクワクする工夫
- キッチンポリ袋を入れるのは、形崩れ防止のため。
- カラーポリ袋を横にするとお魚。斜めにつるすとしずく型。組み合わせてレインボー人形など、工夫してステキな人形を作ると、作品展にも！

用意するもの
【材料】カラーポリ袋、キッチンポリ袋、丸シール（白黒）、折り紙、色画用紙

【用具】セロハンテープ、ビニールテープ（透明、色付き）、油性ペン、ハサミ

遊びが広がるバリエーション

もっと遊ぼう！
つりつりジャンボ人形

遊び方
「ジャンボ七夕人形」の頭のビニールテープに輪ゴムを付けて、たけひごにぶら下げて走ったり、輪ゴムを増やしてジャンボヨーヨーにしたりして遊ぼう！

季節・行事のおもちゃ

おまけ
アルミホイルの銀色がキラキラ光ってきれい！
上手について、ながれ星飛ばしてね！

つきつきながれ星

用意するもの
【材料】アルミホイル、ティッシュペーパー、スズランテープ、ペットボトル（1～2ℓ角型）
【用具】ハサミ

作り方

1. ティッシュペーパーを5枚重ねて、約40cmに切ったスズランテープ2～3本でティッシュをくくる。

2. 丸めたティッシュペーパーの周りにアルミホイルを巻くと、ながれ星のでき上がり。

遊び方 ペットボトルをラケットにして、ひとりで何回つけるかを競ったり、ふたりでつき合いっこをしたりして遊ぼう！

17

季節・行事のおもちゃ
連射式 水でっぽう

超カンタン ━━━━━ カンタン

夏 6月の初めごろから

遊び方 大きいペットボトルに水をたっぷり入れて、小さいペットボトルと組み合わせよう。
大きいほうのペットボトルをすばやく前後させると、小さいほうの穴から水が"ピュッ、ピュッ、ピュッ！"って飛び出すよ！

作り方

① 図のように、ペットボトルそれぞれに、カッターナイフで3cmほどの切れ目を入れてから、底の部分をハサミで切り取る

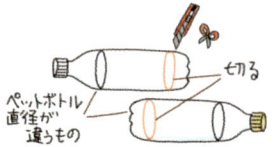

② ペットボトル（大）の方の切り口にはビニールテープを巻き、ペットボトル（小）の方の切り口には布テープを巻く。

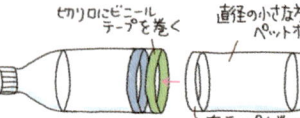

カッターナイフの使い方

刃を1cmだけ出し、カン切りの要領で押して切り、刃を上げて押して切り、を繰り返し、少しずつ切る。
★引いて切らないこと。〈ケガ防止〉

デキル ポイント！
差し込んだときにすき間が大きい場合は、さらに布テープを巻いて調整する。

③ ペットボトル（小）のキャップに穴をあける。
★大きめの穴1つや、小さな穴数個など、シャワーのタイプを工夫する。

④ キャップを付けて、ペットボトルに模様を描いたらでき上がり。

子どもがワクワクする工夫

- 水でっぽうは的とセットで作ろう！
- 的は、当たれば回る、倒れる、音が鳴るなどの変化する工夫を考えよう。

用意するもの

【材料】直径の違う同筒型ペットボトル…2本、
【用具】布テープ、ビニールテープ、キリ、カッターナイフ、ハサミ

18

遊びが広がるバリエーション

おまけ 足で踏んでも手で押してもOK！簡単だから、低年齢児でも楽しめるよ！

ふみふみ水でっぽう

用意するもの
【材料】キャップ付き牛乳パック、ビニールテープ、丸シール
【用具】キリ

作り方
1. 牛乳パックを平らに折り畳む。

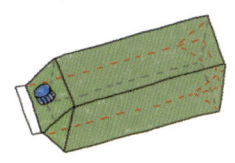

2. キャップに穴をあけ、ビニールテープや丸シールをはるとでき上がり。

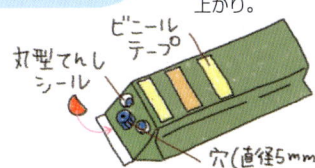

おまけ 太いストローに水を入れ、細いストローを押すと、ミニミニふん水が飛び出すよ！

ストロー水でっぽう

用意するもの
【材料】ストロー（太・6mm、細・4.5mm）、紙コップ
【用具】セロハンテープ、マチ針

作り方
1. ストロー（太）の先を約2cm折り、先にマチ針で穴をあける。
   ★曲がるストロー入手の場合は、曲がる部分は切り取る。

2. ストロー（細）の先を、図のようにセロハンテープを巻いて穴をふさぐ。

3. ストロー（太）にストロー（細）を入れてセットするとでき上がり。

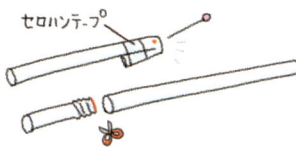
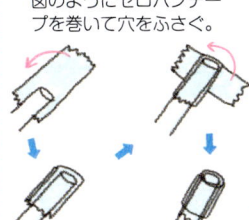
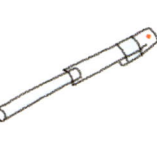

もっと遊ぼう！
水でっぽう的当てアイディア

遊び方 水でっぽうの種類によって水の威力が違うよ。それぞれの水でっぽうに合ったいろいろな的を考えて遊ぼう！

ブラブラさせて！

倒してチョータイ！

クルクルさせて！
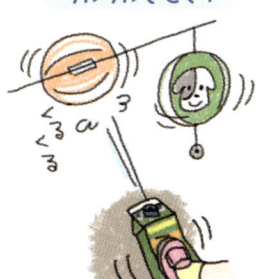

季節・行事のおもちゃ

季節・行事のおもちゃ
クルクル円盤船

超カンタン ■■■□ カンタン

夏 6月の初めごろから

遊び方
動力エンジンを50回ほど巻いて船を浮かべると、クルクルクル！ パワフルなストロースクリューが回って、円盤船が自力で回転するよ！

作り方

●動力エンジン
2本のストローで、図のように動力エンジンを作る。

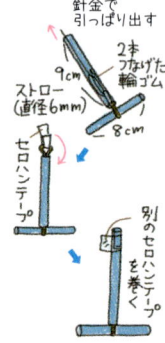

●円盤船
① ペーパーボウルの中心に穴をあけ、動力エンジンを差し込み、セロハンテープではり合わせる。

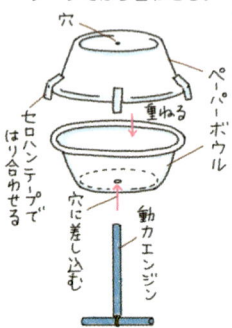

② 動力エンジンの上部を、セロハンテープで留める。

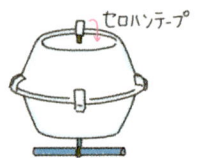

③ 空き容器の操縦席をセロハンテープではり、テープで窓を作ったり絵を描いたりしたらでき上がり。

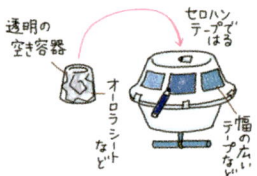

子どもがワクワクする工夫
- ストローと輪ゴムで作るストローエンジンは水の抵抗を優しく動きに変える。メリーゴーラウンドや回るクリスマスツリーにしてもステキ！
- ボウルの穴あけは、キリ→えんぴつの順にするとうまくいくよ。

用意するもの
【材料】ストロー（太）…2本、輪ゴム、ペーパーボウル…2個、空き容器、折り紙
【用具】キリまたはカルコ、えんぴつ、ハサミ、セロハンテープ、ビニールテープ、針金、油性ペン

遊びが広がるバリエーション

ちょこっとアレンジ
エンジン2基オール船

動力エンジンを2基搭載！ 1基巻き、2基巻きで、動きやパワーを試そう！

用意するもの
- 【材料】ストロー（太）…4本、牛乳パック（500mlと1000ml）…各1本、輪ゴム、つまようじ、ビニールテープ
- 【用具】キリ、えんぴつ、ハサミ、セロハンテープ、針金、油性ペン

作り方

1. 牛乳パック（500ml）を縦半分に切り船型にする。もう1本の牛乳パックで屋根を作り絵を描く。

2. オールは「クルクル円盤船」の要領でストロー2本で1セットのものを2つ作り、船の両側から通してセットする。
   ★取り付ける位置に注意。

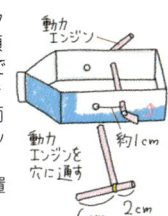

3. 1の屋根を船にはったり、旗を取り付けたりするとでき上がり。

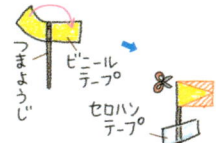

おまけ　動力エンジンのしかけが違うよ！
スケルトン動力船

用意するもの
- 【材料】ペットボトル（角形）、割りばし、輪ゴム、牛乳パック
- 【用具】ハサミ、カッターナイフ、ホッチキス

作り方

1. ペットボトルの両側（面積の広い方）に図のような切り込み（幅2cm）を入れ、割りばしを差し込んで固定する。

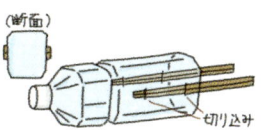

※カッターナイフの刃を1cmほど出し押し込むように切る（大人がする）。

2. 牛乳パックを輪切りにし、折ってホッチキスで留め、水車を作る。

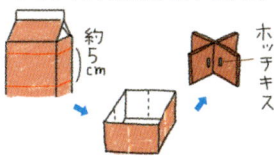

3. 図のようにして、輪ゴムで割りばしに水車を掛ける。

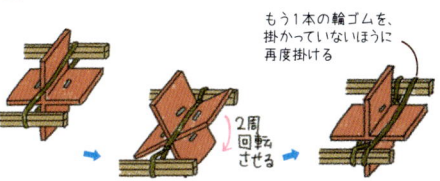

もう1本の輪ゴムを、掛かっていないほうに再度掛ける

2周回転させる

4. ペットボトルの後部に切り込みを入れ、船長を差し込むとでき上がり。
   ★船長はP.22参考。

カッターナイフで切り込みを入れるのが難しいときは、輪ゴムで割りばしを留めてもOK！

季節・行事のおもちゃ

季節・行事のおもちゃ
ストローエアー宇宙船

超カンタン ▬▬▬▬▭▭▭ カンタン

夏　6月の初めごろから

遊び方
羽根に向けて、ストローで息を吹きかけると、クルクル回りながら宇宙船が進んでいくよ！

作り方　●船体

1. プチプチシートを紙皿の大きさに合わせて2～4枚切り、紙皿にホッチキスで留めて固定する。

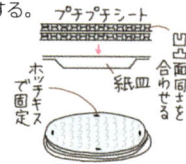

2. 紙コップ2個をそれぞれ半分に切り、さらに図のように斜線部分を切り取る。

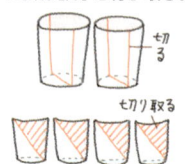

3. 2を4つともホッチキスで紙皿に留めると、船体部分のでき上がり。

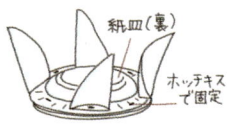

● 紙コップの船体に紙コップのクマ船長を乗せるとでき上がり。

●クマ船長（紙コップ人形）

1. 紙コップ1個に、図のような切り込みを入れる。

2. 1を折り返して底面同士をホッチキスで留め、顔を描く。手の部分も折り返す。

3. 顔の不要な部分を切り取ると人形のでき上がり。

子どもがワクワクする工夫
エアー宇宙船のプロペラの数を増やしてパワーアップをしたり、エアー宇宙船に紙コップで作った人形を乗せて、押しくらまんじゅうをしたりもできるよ。

用意するもの
【材料】紙皿…1枚、コップ…4個（人形用含む）、プチプチシート（紙皿の4倍ほどの大きさ）、ストロー…1本
【用具】ハサミ、ホッチキス、油性ペン

遊びが広がるバリエーション

もっと遊ぼう！
パタパタ船ずもう

遊び方
うちわや紙皿で船をあおいで動かし、相手の船とすもうをとろう！ 水底にビニールテープでラインを引いて、相手のラインに入り切ると勝ちなどのルールを決めても楽しい。

ちょこっとアレンジ
紙皿エアー、パック船

動力はエコで！ 紙皿が風を起こし、紙皿が受ける！ たくましく水上をすべるよ！

用意するもの
【材料】牛乳パック（500mlまたは1000ml）、紙皿…2枚、紙コップ…2個（人形用）、ストロー
【用具】ハサミ、ホッチキス、ビニールテープ、油性ペン

作り方
1. 牛乳パックの1面を切り取る。

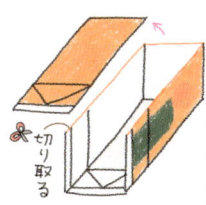

2. 1 を元通りに組んでホッチキスで留め、図の場所に切り込みを入れる（牛乳パックの半分くらいの深さ）。

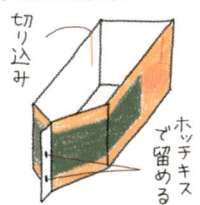

3. 好きな絵を描いた紙皿を差し込んで、旗を付けると船のでき上がり。
   ★「ストローエアー宇宙船」で作った船長を乗せたり、仲間を乗せたりすると楽しい。

おまけ
連れてって船

船の先に穴をあけてひもで引っ張ろう！
連結させてもおもしろいよ！

季節・行事のおもちゃ

季節・行事のおもちゃ
どんぐりぼうや

超カンタン ▰▰▱▱▱ カンタン

秋 10月の中ごろから

💡 **ナルホド ヒント！**
どんぐりは、なるべく落ちてスグのものを選ぶ。

遊び方
どんぐりぼうやの手足はクネクネ自由自在！体操やダンスもOK。好きな形にしてぶら下げて遊んでもおもしろいよ！

作り方

① どんぐりの側面に穴をあけ、貫通させる。
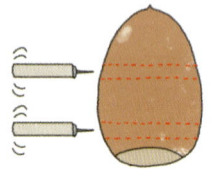

② 修正液→ポスカの順で目や口を描く。
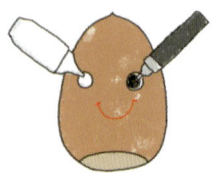

③ 穴にモールを差し込み、手足を作る。

子どもがワクワクする工夫

- どんぐりを使った工作で、しり(かさのかぶっているほう)に穴をあけるのは硬くてとても難しい作業です。どんぐりに穴をあける場合は、こまなど必然性を伴うもの以外は、側面に穴をあけるなど工夫しよう！
- 感覚遊びに使うどんぐりは、20〜30分ゆでたものを使う。先の突起をペンチで取り、布で磨くと、最高のグッズに変身！

用意するもの
【材料】どんぐり、モール
【用具】キリ(四ツ目ギリ・小)、修正液、ポスカ

遊びが広がるバリエーション

ちょこっとアレンジ
なかよしどんぐり連盟

少し長いモールを使うと、もっと楽しく遊べるよ！

用意するもの
【材料】どんぐり、モール
【用具】キリ（四ツ目ギリ）　木工用接着剤

どんぐりコンビ
モールで手をつなぐ。

バランスどんぐり
モールの両端にキリで穴をあけたどんぐりを差し込み、木工用接着剤で固定する。

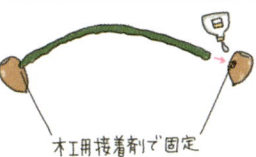

さかだちやじろべえ

1. 2つのどんぐりにキリで穴をあけ、残りの1つは穴を貫通させる。
2. 貫通させた穴にモールを通し、両端には木工用接着剤でどんぐりを固定した後バランスを調節する。

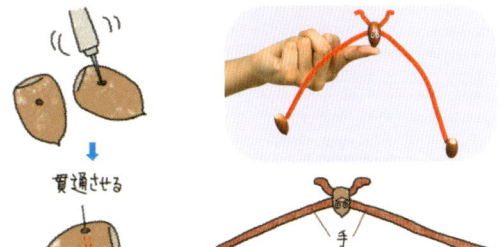

もっと遊ぼう！
つながれ！つながれ！競争

遊び方 どんぐりぼうやをどれだけたくさんつなげられるか？数やタイムを競って遊ぼう！

季節・行事のおもちゃ

季節・行事のおもちゃ
あいさつぼっくり

超カンタン ▬▬▬▬▬□ カンタン

秋　10月の中ごろから

遊び方
落ち葉の中に何かいるよ〜！　どんぐりボタンを押すと、あいさつぼっくりが出てきて、"こんにちは！"をするよ！

作り方

1. マツボックリの傘の中に針金を入れてペンチでねじって結び、その針金をラップの芯に2〜3回巻き付けて、どんぐりボタン用の突起を作る。

2. マツボックリに目玉を付け、キリで穴をあけたどんぐりを差し込む。

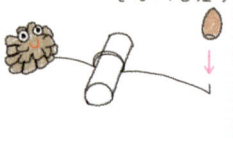

3. できたマツボックリのしかけを箱の中に入れ、マツボックリとどんぐりがシーソーになるように針金を調節し、落ち葉をかぶせたらでき上がり。

子どもがワクワクする工夫
- 落ち葉の中からニョッキリ顔を見せるあいさつぼっくりはとてもユーモラスな木の精。針金の長さを変えたり曲げたして、一度に複数個のぼっくりが顔を出すようにしてもおもしろい！
- 隠れているぼっくりが、どこから顔を出すかを当てて遊んでもおもしろいね。

用意するもの
【材料】マツボックリ、どんぐり、針金、箱、ラップの芯、色画用紙
【用具】ハサミ、キリ、木工用接着剤、のり

26

遊びが広がるバリエーション

季節・行事のおもちゃ

ちょこっとアレンジ
ユラユラマツボックリくん

マツボックリくんとおさんぽしよう！
目をいろいろ変えてユラユラさせたら楽しいよ！

用意するもの
- 【材料】マツボックリ、竹ひご（4mm、30cm）、たこ糸、輪ゴム、キラキラテープ、画用紙
- 【用具】水性ペン、セロハンテープ

作り方

1. 画用紙に水性ペンで目を描いてマツボックリに付ける。

2. 竹ひごにキラキラテープをらせん状に巻く（安全対策も兼ねて）。

3. マツボックリに結んだたこ糸のもう一方を、竹ひごの先に結び付けるとでき上がり。

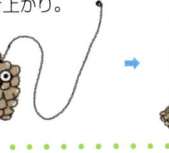

おまけ
どんぐり星人

どんぐりと木片を組み合わせて作ろう！

用意するもの
- 【材料】どんぐり、木片、フェルト、モール
- 【用具】キリ（四ツ目ギリ・小）、ポスカ、木工用接着剤

作り方

1. どんぐりと木片にキリで穴をあける。

2. どんぐりと木片をモールでつなぐ。

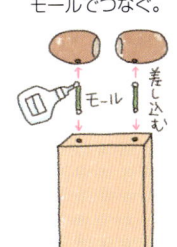

3. ポスカやフェルトなどで顔や手足などを作って付けるとでき上がり。

★どんぐりの表面を紙ヤスリで削って、直接、木工用接着剤で留めてもよい。

27

季節・行事のおもちゃ

びっくりクリスマス

超カンタン ■■■━━━ カンタン

冬 クリスマス

<遊び方> 箱を開けると"ピョーン！"さあ、サプライズアイテムをいくつ入れよう？だれにあげよう？ しかけるほうもウキウキワクワク！

作り方

1. 牛乳パックを図のサイズに切る。

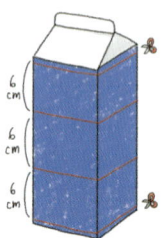

牛乳パックを切る

2. 4か所切り込みを入れて、輪ゴムを掛ける。

切り込み(5mm)

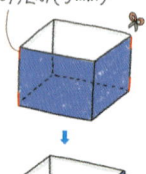

↓

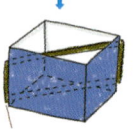

輪ゴム4を掛ける

3. 動物や、好きなキャラクターなどをはるとでき上がり。

色画用紙

はる

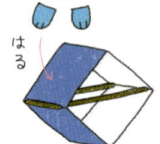

子どもがワクワクする工夫

輪ゴムを利用した飛ぶおもちゃは、紙パッチンともいわれ、厚紙を使って作るもの、紙パックを使って作るものがあります。うまく飛ばすためには、いずれも紙の強度や輪ゴムの張りが重要な意味を持ちます。調整しながら一番よく飛ぶバランスを考えよう！

用意するもの

【材料】牛乳パック、色画用紙、輪ゴム
【用具】ハサミ、セロハンテープ、のり、水性ペン

遊びが広がるバリエーション

ちょこっとアレンジ
びっくりピョーン！ウサギ

飛び出すしかけをつなぐと、ウルトラびっくりウサギ！

用意するもの
【材料】【用具】「びっくりクリスマス」と同様。

1. 「びっくりクリスマス」の❶〜❷までを同じようにして作る。

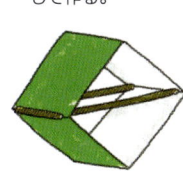

2. 四角のバネを複数重ねて、セロハンテープではり連ねる。

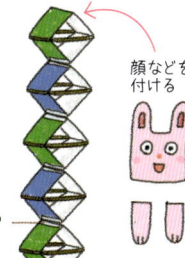

顔などを付ける

セロハンテープを裏表にはり、つなげる

ピョーン！

もっと遊ぼう！
それ行け！ピョンピョン競技

遊び方：指ではじくようにするとジャンプして進むよ！　模造紙に目盛りを描いて、高跳びや、遠跳びに挑戦してね！

高くジャンプ

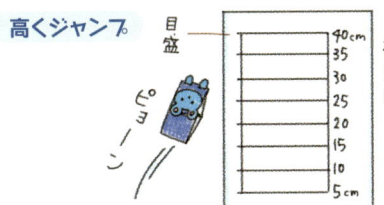

遠くへジャンプ

おまけ　ジャンプ力がさらにアップかも⁉
パッチンピョーン！

用意するもの
【材料】工作紙（5cm×6cm）、輪ゴム
【用具】ハサミ、セロハンテープ、油性ペンや折り紙

1. 工作紙を2枚図のように1mmの間隔をあけてセロハンテープでつなぐ。
2. 両端から1cmの所に切り込みを入れ、絵を描いたり折り紙をはる。
3. クロスさせた輪ゴムを切り込みに引っ掛ける。

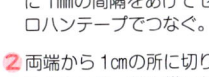
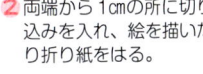
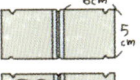
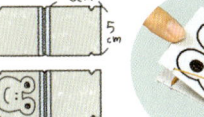

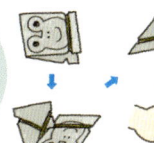

好きな面に模様を描いたりしよう！

二つ折りにして押さえ手を離すと、ゴムの反発でジャンプする！

季節・行事のおもちゃ

どうぞどうぞ サンタさん

超カンタン ▬▬▬▬▬ カンタン

冬 クリスマス

遊び方 サンタクロースの胴体を持ってストローを上下させると、プレゼントや袋が動く！サービス満点のサンタさんだね！

作り方

● **しかけ**

1. 太ストローは半分に切り、それぞれ切れ目を入れる。

2. 細ストローは1/3の所で折る。

3. 1に2を通し、図のように切れ目から先を出して、その上をセロハンテープで留める。もう1本も同様にして作り、2本つないで留める。

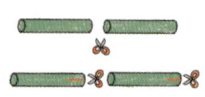

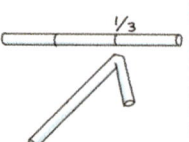

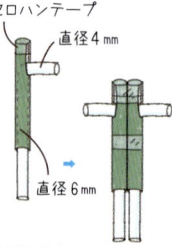

● **サンタクロース**

4. 色画用紙や折り紙でサンタクロースの胴体や袋、プレゼントなどを作る。

5. 胴体をしかけの中央にはり、袋やプレゼントなどを細いストローにはるとでき上がり。

子どもがワクワクする工夫

- 昔の伝承玩具に麦ワラを使った動くおもちゃがあります。これはその進化バージョン。
- 独立した動く仕掛けを持っているので、左右を自由に動かすことができます。仕掛けを1つ、2つ、3つ…と組み合わせていろいろなおもちゃを考えよう！

用意するもの

【材料】ストロー（太・6mm…1本、細・4mm…2本）

【用具】ハサミ、セロハンテープ、色画用紙、折り紙、水性ペン

遊びが広がるバリエーション

ちょこっとアレンジ
首振りトナカイ

ストロー1本のしかけでも動きはバッチリ！

用意するもの
【材料】曲がるストロー（太・6mm…1本、細・4mm…1本）、折り紙、色画用紙
【用具】ハサミ、セロハンテープ、水性ペン

（表）

作り方

1. 「どうぞどうぞサンタさん」の **1 2** を作った後、**3** の工程のしかけを1本だけ作る。

2. トナカイの首や胴体を作ってストローにはり付けるとでき上がり。

（裏）

おまけ　クリスマス、盛り上げアイテム1
紙皿ツリー

dekita!

1. 紙皿3回折って、ツリー大、小を作る。

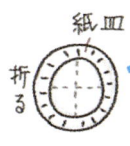

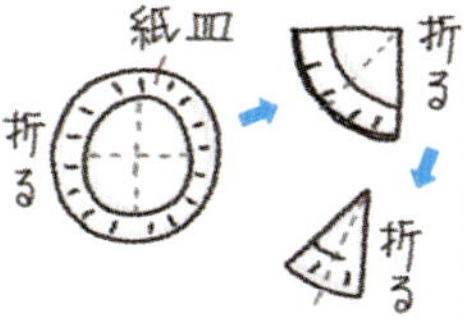

2. 一度広げて、図のように折り直し、穴をあける。

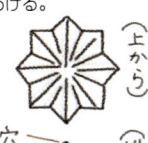（上から）
（横から）

3. モール（ビーズを通した）を、ツリーの好きな所へ穴をあけて通した後、大小のツリーを糸でつなぐとでき上がり。

用意するもの
【材料】紙皿（18cm、22cm）、折り紙、モール、糸、ビーズなど
【用具】ハサミ、のり、絵の具、パンチ、つまようじまたはカルコ

おまけ　クリスマス、盛り上げアイテム2
ギザギザリース

dekita!

色画用紙を図のように切り、輪っかにしてリースを作る。オーナメントにシールや折り紙をはって、リボンを付けるとでき上がり。

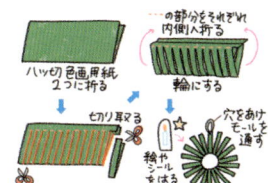

用意するもの
【材料】色画用紙、モール、リボン、折り紙、シール
【用具】ハサミ、のり

季節・行事のおもちゃ

季節・行事のおもちゃ
パクパクおしし

超カンタン ■■■■■□□ カンタン

冬 お正月

遊び方
本体を持って割りばしを前後に動かすと、おししの口がパクパク動くよ。お話したり歌に合わせて動かしたりすると楽しいよ！

作り方

1. 牛乳パックを図のように切り、底に割りばしを通す穴をあける。

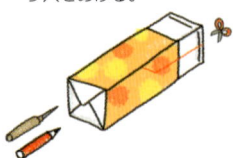

2. 1で切った口の部分を図のように畳んでホッチキスで留める。

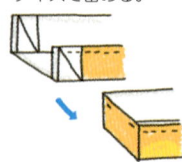

3. ストローを半分に切り、割りばしを差し込んでセロハンテープで固定する。

4. 3をおししの口から入れて底の穴に通し、ストローの先を上あごの部分に布テープで固定する。

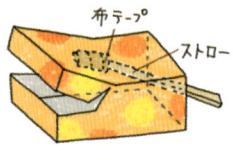

5. 顔に折り紙や油性ペンで模様を描いて、服を着せたらでき上がり。

子どもがワクワクする工夫
口の開け閉めを繰り返すと、パクパク音が鳴るのがおもしろい！　友達同士パクパクさせながら話ができるコミュニケーショングッズとしても活用しよう！

用意するもの
【材料】牛乳パック（500mlまたは1000ml）、折り紙、割りばし…1/2膳、ストロー（太・6mm）

【用具】ハサミ、キリまたはカルコ、セロハンテープ、ホッチキス、布テープ、油性ペン

32

遊びが広がるバリエーション

季節・行事のおもちゃ

ちょこっとアレンジ
大口あけた、パクパクだあれ？

大きな口の動物と言えば？
パクパクのしかけと顔変身で作ってね！

カバちゃんパクパク

ワニくんパクパク

歯は切り込みを入れると
ワイルドだぜ！

じゃばらのしくみが、クネクネした
動きをうまく表しているよ！

おまけ
クネクネスネーク

用意するもの
【材料】牛乳パック（1000mℓ）、
折り紙
【用具】ハサミ、ホッチキス、
油性ペン

作り方

1. 牛乳パックを図のように④（注ぎ口のある輪）より下を、底から等間隔（約4cm幅）になるよう、5つの輪のパーツに切る。

2. ⑧を折ってホッチキスで留め、1の1つの輪を図のようにくっつけてホッチキスで留める（しっぽになる）。

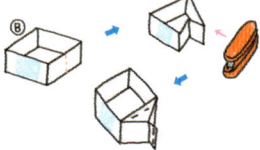

3. ④の注ぎ口をホッチキスで留めて頭にし、◎を留める。残りの輪と2を連結させてホッチキスで留める。

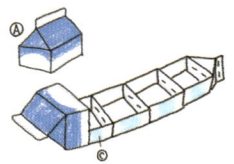

4. 動きを見て調節し、好きな模様や絵を描くとでき上がり。

33

季節・行事のおもちゃ
ストローグニャだこ

超カンタン　　　カンタン

冬 お正月

遊び方

高く揚げたり、長い時間揚げたりして、競い合うと楽しいよ！
しっぽがなくてもよく揚がる！

作り方

1 ポリ袋を切り開き、不要な部分を切る。

ハサミで1枚に開く
ストローと同じ長さ
ストロー
キッチンポリ袋
ストローの4/3の長さ

2 表に絵を描く。

3 2を裏返して、図のようにストローをはり、糸を付けるとでき上がり。

玉結び
(裏) セロハンテープ
ストロー
ストローの長さの2倍のもめん糸
別の糸を結ぶ

子どもがワクワクする工夫

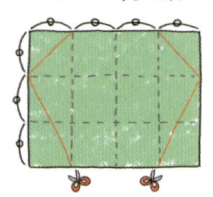

風を受けて糸をグイグイ引っ張りながら揚がるのがたこの醍醐味。ここで紹介するたこは、長さを測らずストローの長さを基にできるたこ。技術に合わせて作ってみよう！

用意するもの

【材料】ストロー（曲がるしくみのないもの）…2本、キッチンポリ袋（半透明）、もめん糸（太口）
【用具】セロハンテープ、ハサミ、油性ペン

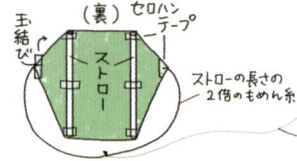

34

遊びが広がるバリエーション

ちょこっとアレンジ
ストロータイヤだこ

「ストローグニャだこ」と同じ。ストローの長さとたこのサイズや比率を考えているよ。

用意するもの
【材料】【用具】
「ストローグニャだこ」と同様。

作り方

1 ポリ袋を開く。

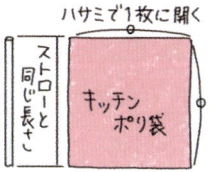

2 比率をよく見て、図の箇所にストローをはる。

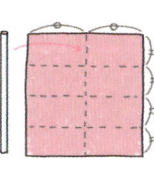 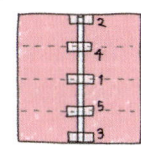

3 2にはったストローの下にもう1本のストローを、直角になるように差しみ、はる。

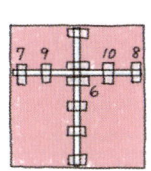

4 不要な部分を切り取る

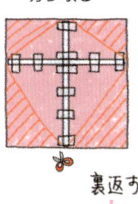

5 糸留めの中央に玉結びした糸をはり、しっぽを付けるとでき上がり。

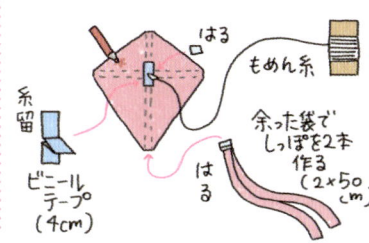

もっと遊ぼう！
たこ揚げ名人！

揚げる場所は？ どうしたら高く揚がるかな？ 長い間揚げるには？ そんなコツやポイントをたこ揚げ名人に聞いてみよう！

たこはバランスが命！
たこは、風を受けて揚がるバランスおもちゃ。縦骨、横骨（ここではストロー）が垂直に交差しているかどうか？ 糸はちょうど交差点の中央に結び付けられているか？ 常に調整が大切！

場所はだいじょうぶ！？
ストローだこはそよ風でも揚がるように考えた軽量だこで、比較的狭い場所で揚げることができます。普通のたこ揚げの場合は、周囲に電線や木などがないところで揚げよう！

新米たこ揚げの心得
その1…風の方向を見よ！
たこは風を受けて揚力が発生し、揚がるもの。たこを揚げるときには風下に行き、糸を数メートル繰り出し、風上に向かって走ろう！

新米たこ揚げの心得
その2…ポジションは中央！
たこが揚がったら糸を繰り出し、揚げながらグランドなどの中央に移動し、風上に向かってどの方向にも走れるように準備しておこう！

季節・行事のおもちゃ

CDごま

超カンタン ▬▬▬ カンタン

冬 / お正月

遊び方

いらなくなったCDにビー玉を付けるだけ！ ビー玉がよく滑って長時間回り、回るとデーター面が光って、虹色のグラデーションがとてもきれい！ ペットボトルのキャップを指でつまんで回そう！

作り方

1 CDのデーター面（光るほう）に色を塗ったり模様を描いたりする。

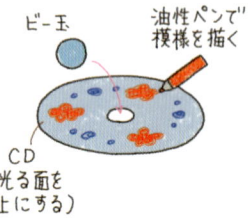

2 ビー玉をセットしてセロハンテープで固定してから、ボトルキャップをかぶせてさらに固定する。

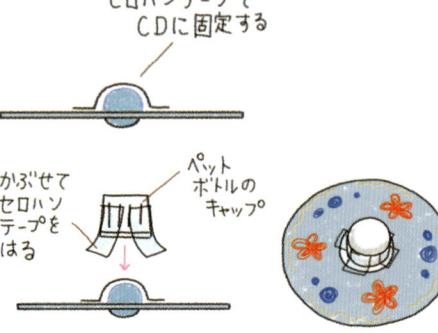

子どもがワクワクする工夫

こまは伝承おもちゃの横綱。CDごまは抵抗を少なくして長く回り続ける耐久ゴマ。そのほかにも摘んで回す、両手で回すものなどいろいろ。こま遊びは子どもの手指の発達も促します。

用意するもの

【材料】不要になったCDやDVD、ビー玉、ペットボトルのキャップ
【用具】セロハンテープ、油性ペン

遊びが広がるバリエーション

ちょこっとアレンジ
CD棒ごま

軸はシンプルに丸ばし！長時間回るよ！

図のように、丸ばしをワッシャーに差し込み、ワッシャーの下を布テープでしっかり留め、ワッシャーと丸ばしを固定する。次に、CDを丸ばしに通し、CDとワッシャーを布テープで留める。

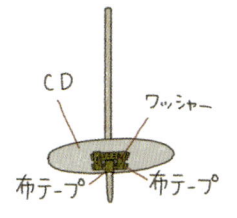

用意するもの
【材料】不要になったCDやDVD、丸ばし、ワッシャーまたは5円玉、
【用具】ハサミ、布テープ、油性ペン

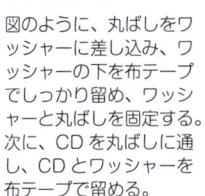

おまけ
紙巻きごま

持ち手が長いので両手で回せて、低年齢児でも回しやすい！

割りばしに片段ボールをクルクル巻いて、最後まで巻き切るとでき上がり。

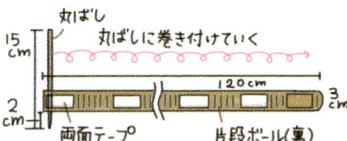

用意するもの
【材料】丸ばし（またはフランクフルトの棒）、片段ボール
【用具】両面テープ

おまけ
ホイルごま

アルミホイルのクシャクシャピカピカが、回ったときの発色をきれいに！

1. 円盤に切った厚紙の中心につまようじを差す。 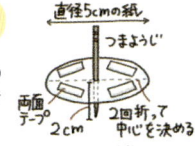
2. 一度もんだアルミホイルを広げて、こまに巻き付ける。
   模様を描いたらでき上がり。

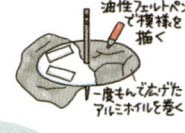

用意するもの
【材料】厚紙（直径5cm）、アルミホイル、つまようじ
【用具】両面テープ、油性ペン

もっと遊ぼう！
こま回し大会

遊び方 いろいろ作ったこまをオンパレードさせて回して遊ぼう！ どのこまがいちばんきれい？ どのこまがいちばん長く回り続ける？

季節・行事のおもちゃ

季節・行事のおもちゃ
UFOごま

超カンタン━━━カンタン

冬 お正月

遊び方
両手でしっかり棒を挟んで、ゆっくり回転を上げてから手を離すと、"クルクル！"とよく回るよ。宇宙人も乗せて楽しいUFOにしてね！

作り方

●基本軸
ワッシャーに丸ばしを通し、ワッシャーの下に5mmほどの幅に裂いた布テープを巻いてしっかり固定する。

●UFOごま
1. 基本軸に、中心に穴をあけた紙皿を図のように2枚通して、紙皿同士をホッチキスで留める。

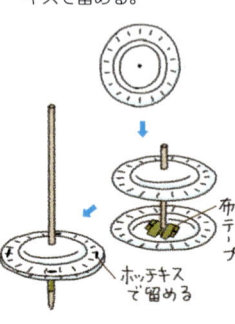

2. 1に、底の中心に穴をあけた紙コップを図のように通してセロハンテープで留め、紙皿や紙コップに絵や模様を描いたらでき上がり。

子どもがワクワクする工夫
- こまはバランスが要求されるのでできるだけ正確に作ることが大切。
- 紙皿の中心点は紙皿を正確に2回折れば中心点がわかるよ。
- 中心棒とこまは遊びながらブレを直そう。

用意するもの
【材料】紙皿(15cm)…2枚、紙コップ…1個、丸ばし、ワッシャーまたは5円玉
【用具】布テープ、ホッチキス、水性ペン、セロハンテープ

遊びが広がるバリエーション

ちょこっとアレンジ
ワッシャーごま

四角のこまなのに回るとふしぎ！
こまは回ると丸に見えるよ！

【用意するもの】
【材料】段ボール（15cm×15cm）、ワッシャーまたは1円玉
【用具】セロハンテープ、水性ペン、カッターナイフ

作り方

1 段ボールに対角線を引く。

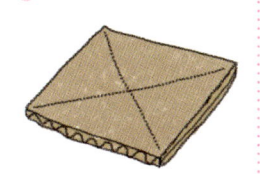

2 1の中心点にカッターナイフを差し込み、2cmほど切り込みを入れる。

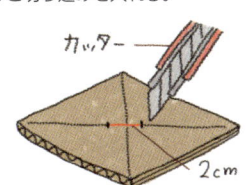

3 2の切り込みにワッシャーを差し込む。

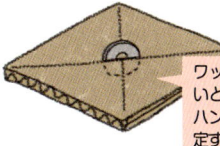

4 段ボールに好きな絵を描いたらでき上がり。

デキル ポイント！
ワッシャーが緩いときは、セロハンテープで固定する。

ちょこっとアレンジ
混色ごま

赤色や黄色の模様がクルクル回ると、アレアレ〜？ 色が混ざるよ！
さて、どんな色に見えるかな？

【用意するもの】
【材料】段ボール（15cm×15cm）、つまようじ…7本、丸シール、輪ゴム
【用具】ハサミ

作り方

1 段ボールに対角線を引く。

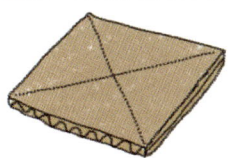

2 つまようじを7本、図のようにまとめて輪ゴムできつく巻き、段ボールの中央に差し込む。

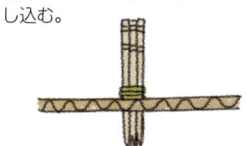

上から見たところ

3 別のつまようじの背で、真ん中のつまようじを押し出して中心軸にする。

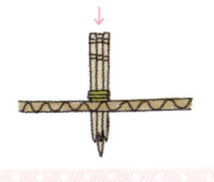

4 段ボールに丸シールをはったらでき上がり。

季節・行事のおもちゃ

39

季節・行事のおもちゃ
パクパク鬼さんの豆キャッチ

超カンタン━━━━━カンタン

冬 / 節分

遊び方
"鬼は外！"と投げた豆を、鬼が口でキャッチする遊び。投げ手と鬼を交替で行ない、キャッチした豆の数を競っても楽しいね！

作り方

① 紙皿に色を塗ってから、鬼の口をあける。
- 絵の具で色を塗る
- 直径20cmの紙皿
- 紙コップより小さめの穴をあける

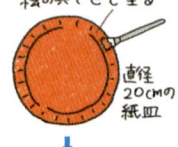

② つのを残して、頭の不要な部分を切る。
- 切り取る
- 色画用紙

③ 紙コップを、鬼の顔の裏にはり付ける。
- （裏）
- 紙コップをセロハンテープで留める
- 豆

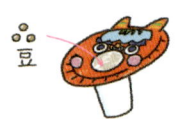

子どもがワクワクする工夫
- 節分にはイワシの頭をヒイラギの小枝に刺して玄関口につるしたり、炒り豆をまいて悪病から身を守ったり、招福を願う伝統行事。「鬼は外、福は内！」と、元気よく楽しもう。
- 豆をまく代わりに水でぬらして丸めた新聞紙をまけば、後はおそうじ行事にも早変わり。

用意するもの
【材料】紙皿、紙コップ、色画用紙、豆
【用具】絵の具、ハサミ、セロハンテープ

遊びが広がるバリエーション

季節・行事のおもちゃ

ちょこっとアレンジ
大口パクパク鬼さん

紙コップを、カップめんなどの大きな容器に替えて、大口の鬼さんを作ろう！

用意するもの
【材料】カップめんの容器、色画用紙
【用具】絵の具、ハサミ、水性ペン

作り方の基本は、「パクパク鬼さん」と同様。

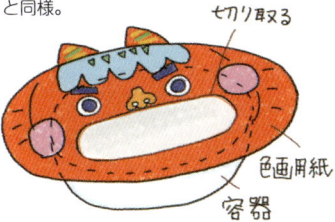

- 容器よりちいさいめの穴
- セツリ取る
- 色画用紙
- 容器

もっと遊ぼう！
赤鬼、青鬼豆入れ合戦！

紙皿を赤鬼と青鬼にして作ろう！

遊び方 赤鬼、青鬼2チームに分かれてする「豆入れ合戦」。お互い、味方チームに豆を入れるルールにして、多く入れられたチームの勝ち！

おまけ
ウエストポーチ豆入れ

豆キャッチのときに両手が使えて、とっても便利！

用意するもの
【材料】牛乳パック、色画用紙、ひも
【用具】ハサミ、水性ペン

作り方

1. 牛乳パックで箱を作り、四隅に切り込みを入れる。

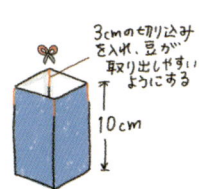

   3cmの切り込みを入れ、豆が取り出しやすいようにする
   10cm

2. 色画用紙に絵を描いて3面（ひもを通す面以外）にはる。

   ペンで絵を描きひもを通す面以外の3面にはる

3. 切り込みを入れてひもを通すとでき上がり。

   切り込みを4つ入れひもを通す

41

季節・行事のおもちゃ
ロケットパンチde鬼たいじ

超カンタン ▬▬▬□□ カンタン

冬
節分

遊び方 ストローを吹いて、飛び出たロケットのパンチ力で的を倒そう！たくさん鬼を退治してね！

作り方

1. 細ストローの先を2つに折り、セロハンテープで留める。

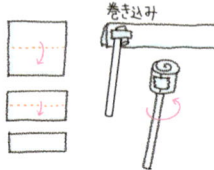

2. 1のストローの先に、畳んだティッシュペーパーを巻き付け、セロハンテープで留めるとロケットのでき上がり。

3. 発射台の太ストローにロケットをセットしてスタンバイ。

4. 色画用紙でいろいろな鬼を作り、L字型にして的を作る。

子どもがワクワクする工夫

ストローの組み合わせは必ず4㎜（または4.5㎜）と6㎜を選ぶ。5㎜と6㎜など1㎜差の組み合わせでもできない子どもが続出するので注意。みんなで作るときも1㎜差のストローが混じっていないか注意しよう！

用意するもの

【材料】曲がるストロー（太・6㎜、細・4～4.5㎜）、ティッシュペーパー、色画用紙
【用具】ハサミ、水性ペン、セロハンテープ

遊びが広がるバリエーション

季節・行事のおもちゃ

ちょこっとアレンジ
元祖 ストローロケット

ストローだけでできるよ！

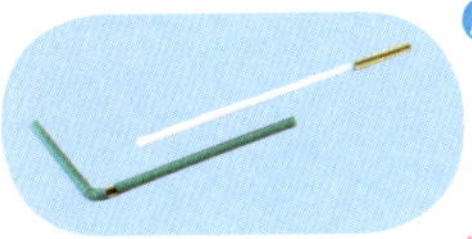

用意するもの
【材料】曲がるストロー（6mm、4〜4.5mm）、画用紙
【用具】ハサミ

作り方

1. 太ストローの先を3cmほど切る。 
2. 細ストローの先を2つに折り、①の先の部分を差し込んでロケットを作る。 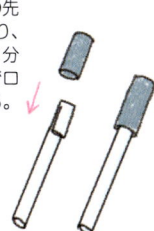
3. 太ストローの発射台に、ロケットをセットしてスタンバイ。

ロケット
発射台

もっと遊ぼう！
プープーロケット

作り方 P.50の「ストロー笛」の作り方を参照。

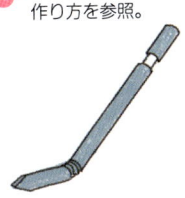

遊び方 ロケットの吹き口に音の鳴るしくみを作っておくと、"プーッ！"と音が鳴ってロケットが飛び出るよ！

ちょこっとアレンジ
安全！ 吹き矢

少々当たっても痛くないよ！

用意するもの
【材料】曲がるストロー、綿棒、コピー用紙
【用具】スタンプ台、ハサミ、セロハンテープ、水性ペン

1. ストローの、曲がる側の先に1か所切り込みを入れ、ストロー2本を継いでセロハンテープで留める。 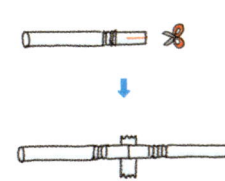
2. ①のストローの曲がるじゃばら部分を左右に引っぱって伸ばし、図のようにS字にしてからセロハンテープで留めると吹き矢のでき上がり。

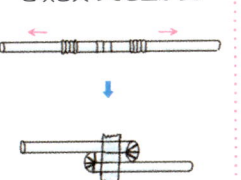

遊び方
綿棒にスタンプインクを付けて吹き矢に入れ、的を目がけて飛ばそう！鬼の顔のそれぞれの部分に得点を付けておくとゲームが楽しめるよ。

※誤飲の事故を防ぐ環境づくりを！

季節・行事のおもちゃ
ユラユラおひなさま

超カンタン ▬▬▬▬▬ カンタン

冬 ひなまつり

遊び方
指でチョンと触ると、ユラユラ揺れるよ。
友達のと並べて揺らして遊ぼう！

作り方

●ゴンドラ
① 牛乳パックを切って、箱形にする。

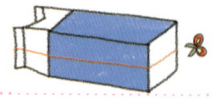

② 半分に切った紙皿の間に、①を挟んで留める。
口を閉じる／紙皿／ホッチキス

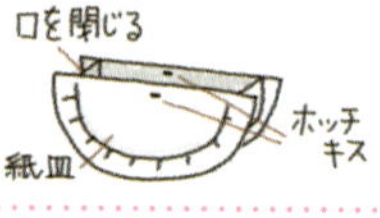

③ 紙皿に色を塗ったり、模様をはったりする。

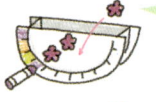

ナルホド ヒント！
模様は、桜の形に切ってはるときれい！

●おひなさま
① 紙コップを使って、おひなさまの胴体を作る。
紙コップ／側面に切り込みを入れる／ペンで描く／側面の片側を上に上げる／切り取る／底面をホッチキスで留める／裏からもうひとつの紙コップをホッチキスで留める

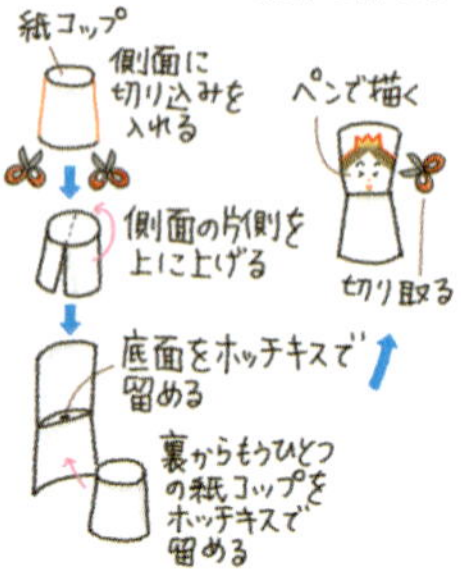

② おひなさまの着物を作って胴体にはったり、持ち物を作ってはたりする。
のりづけ／千代紙／画用紙／巻く／はる／金色の色紙

● ゴンドラにおひなさまを乗せ、アーチを付けるとでき上がり。
画用紙／折り紙／折り紙、ペン、クレヨンなどで飾る

子どもがワクワクする工夫
ユラユラの動きが悪いようなら、牛乳パックの下（真ん中）に使用済みの乾電池や石を張り付けると動きがよくなるよ。

用意するもの
【材料】紙皿…1枚、紙コップ…4個、牛乳パック、画用紙または折り紙、千代紙
【用具】ハサミ、のり、水性ペンなど

遊びが広がるバリエーション

季節・行事のおもちゃ

もっと遊ぼう！
ロッキングユラユラ大会

遊び方 みんなの「ユラユラおひなさま」を並べて揺らして遊ぼう！　だれのおひなさまがいちばん長くロッキングしているかな？

おまけ　紙皿がウォールポケットに！
壁掛けおひなさま

用意するもの
【材料】紙皿（1.5枚）、折り紙、千代紙、リボン
【用具】ハサミ、ホッチキス、のり、絵の具、水性ペン

作り方

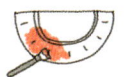

1. 紙皿の表と裏それぞれに、色を塗ったり模様をはったりする。
2. 折り紙と千代紙でおひなさまを作り、表にはる。 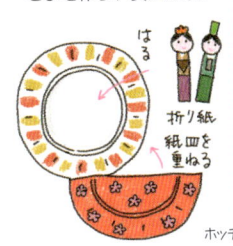
3. 紙皿を2枚留めて、リボンを通すとでき上がり。

おまけ　ポップアップのしかけが楽しいよ！
紙皿deおひなさま

用意するもの
【材料】紙皿2枚、色画用紙、折り紙、千代紙
【用具】ハサミ、のり、絵の具や水性ペン

作り方

1. 半分に折った紙皿に、切り込みを入れる。 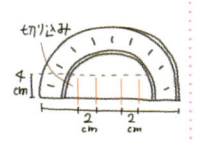
2. ポップアップを立てて、裏から紙皿をもう1枚重ねてはる。
3. 色画用紙と千代紙でおひなさまを作る。 
4. お皿にはるとでき上がり。

切り込み部分を手前に折り返し、おひなさまをはる

45

季節・行事のおもちゃ
着せ替えおひなさま

超カンタン ▬▬▬▬▭▭▭▭ カンタン

冬 ひなまつり

どれにしようかな？

遊び方
いろいろなパーツの着せ替えで遊んだり、友達の着物などと交換したりして、おひなさまファッションを楽しもう！

作り方

●胴体

1. 紙コップの底面を一部残して切る。

    紙コップ
    2cm

2. 残した部分を立てて顔を描く。

●着物

別の紙コップで、着せ替え用の着物を作る。

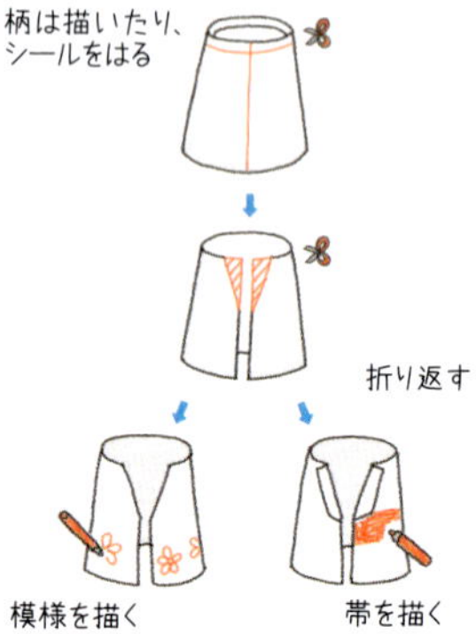

柄は描いたり、シールをはる

折り返す

模様を描く　　帯を描く

●帯、扇など

付属の装飾品などのパーツも、別の紙コップや折り紙、色画用紙などで作る。

ほかのパーツに使う

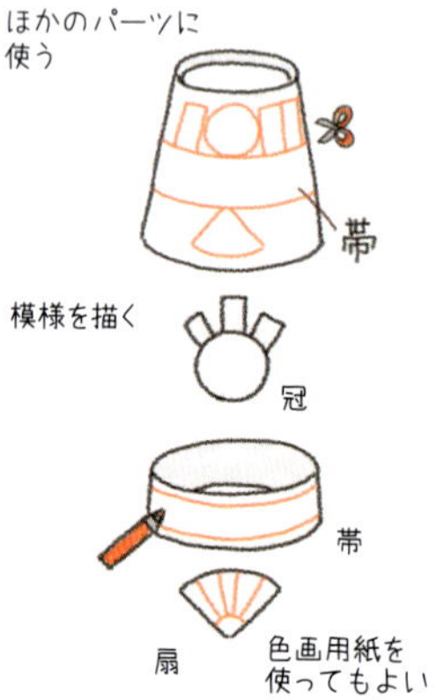

模様を描く

冠
帯
扇

色画用紙を使ってもよい

子どもがワクワクする工夫

- 簡単なアイテムをきっかけに子どもは想像力をかき立てられ、さまざまな生活の追体験をしたり、空想の世界を広げます。
- おひなさまにとどまらず、いろいろな変身人形を考えて遊ぼう。

用意するもの
【材料】紙コップ…3個（1体）、折り紙や色画用紙
【用具】ハサミ、水性ペン、のり

遊びが広がるバリエーション

ちょこっとアレンジ
紙皿アーチおひなさま

紙皿アーチに「着せ替えおひなさま」を乗せるだけ！

用意するもの
【材料】着せ替えおひなさまの材料＋紙皿…2枚、色画用紙、フラワーペーパー
【用具】クレヨン、絵の具、のり、セロハンテープ、ホッチキス

作り方
1. 色を塗った2枚の紙皿の底面同士をはり合わせる。 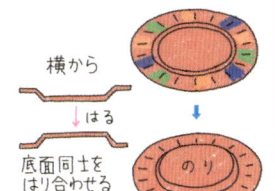
2. アーチをフラワーペーパーで飾り、紙皿に付ける。 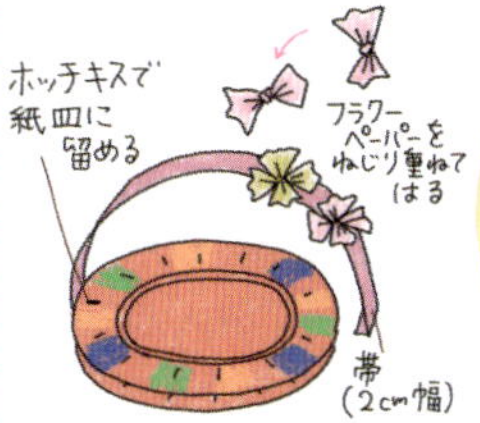
3. 「着せ替えおひなさま」を、紙皿に置いてはるとでき上がり。

風船おひなさま

用意するもの
【材料】ティッシュペーパー、つまようじ、折り紙
【用具】のり、水性ペン

作り方
1. 胴体部分の風船を折る。 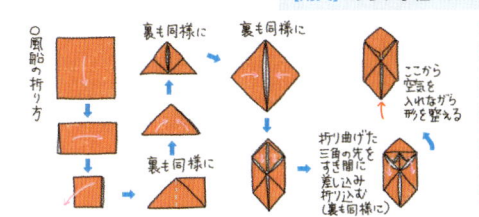
2. 丸めて作ったティッシュペーパーにつまようじに刺し、目や口を描いて胴体に差すとでき上がり。

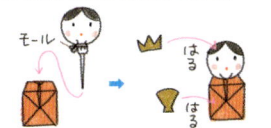

おまけ
傘モビールおひなさま

傘の下で、紙皿おひなさまがフラフラ、クルクル〜！

用意するもの
【材料】紙皿（人形分＋1枚）、厚紙（カラー）、千代紙
【用具】ハサミ、糸、両面テープ、のり、セロハンテープ、絵の具、水性ペン

作り方
1. 紙皿の半分を、着物用と顔などのパーツ用に切り分ける。 
2. 厚紙に切り込みを入れ、重ねて両面テープで留める。 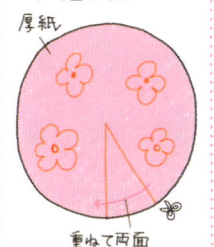
3. 傘を糸でつるし、おひなさまをつるすとでき上がり。

季節・行事のおもちゃ

47

スグできる！ラクラクおもちゃ
こんにちは コップちゃん

超カンタン ■■□□□ カンタン

遊び方
コップの2つの穴から、ひとさし指と中指を出して動かして遊ぼう！
あいさつをしたり、コップちゃんになりきってお話をしたりして、
楽しい指人形遊びもできるよ！

作り方

① 紙コップの真ん中辺りに、キリで穴をふたつあける。

② 穴にえんぴつを差し込んで回し、穴を大きくする。

③ 油性ペンで目や口を描く。

④ でき上がり。

※折り紙で服を着せたり、頭に飾りを付けたりして、人形のキャラクターにする。

子どもがワクワクする工夫

- 人形は、保育者と子どもとの関係を結んだり、保育者にもうひとりのキャラクターを助手、お友達…などと加えることで保育が楽しく発展します。
- 人形を子どもに見せるときには、少し斜めに向けて、子どもと目線を合わせるようにしよう！

用意するもの
【材料】紙コップ　折り紙
【用具】キリまたはカルコ、えんぴつ、油性ペン、のり

遊びが広がるバリエーション

もっと遊ぼう！ コップちゃん de ピンポンずもう

遊び方
コップの上にそれぞれピンポン玉を1個乗せて、軽くぶつけ合ってすもうをしよう！ 先に落ちたほうが負け。

もっと遊ぼう！ コップちゃん de 積み積みコップ

遊び方
コップちゃんでコップをつかんで、どんどん積み上げていく遊び。ふたりひと組でチームをつくり、個数を競い合うゲームにしても楽しいね。

ちょこっとアレンジ コップちゃん人形劇場

いろいろなコップちゃんキャラクターで人形劇をしよう！
コーラス隊をつくって歌っても楽しいね。

コップ人形のバリエーション

- ペンギンコップ
- びっくりコップ （切り込みを入れてカールさせる）
- チューチューコップ （小さい紙コップで）
- ハットコップ （切り取ってかぶせる）

スグできる！ラクラクおもちゃ

スグできる！ラクラクおもちゃ
ストロー笛

超カンタン ■■■━━━ カンタン

デキル ポイント！
リードの長さは2cm。
ストローは、直径6mmのものがよく鳴る！

遊び方
カットした部分全体を口の中に入れ、唇で軽く押さえて、息を強く吹くと"プーッ！"って音が鳴るよ！

作り方

1. ストローを好きな長さに切る。 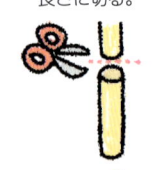
2. 一方を、机の上などで平らにする。 
3. 平らにした方の先を斜めに切ってリード（吹き口）を作る。

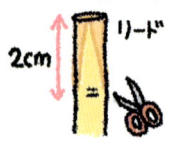

2cm　リード
でき上がり

試してみよう！
LONG　SHORT
長さを変えると音が変わる。音はどう違うかな？

子どもがワクワクうまくいく工夫
- リードの長さの指定は、必ず鳴る笛の条件からです。ストローの長さが自由なのは、音の高低差の出る多様な環境がねらいです。子どもの好奇心を引き出しましょう。
- 子どもから、音の高さについての疑問がなければ、「あれ？　AちゃんとBちゃんの音が違うね！」などと保育者がことばがけをして、不思議に気づかせることも大事です。

用意するもの
【材料】ストロー（6mm）
【用具】ハサミ

遊びが広がるバリエーション

ちょこっとアレンジ ストローホイッスル

「ストロー笛」3本まとめて、どんな音?!

セロハンテープ

ちょこっとアレンジ ストローラッパ笛

折り紙プラスでできる、お花みたいなラッパ笛。

dekita!

折り紙を図のように切ってストロー笛に巻き付け、セロハンテープで留める。

ちょこっとアレンジ トロンボーン

曲がるストローとのコンビネーションで名演奏！

用意するもの
【材料】曲がるストロー（6mmと5mm）…各1本
【用具】ハサミ、セロハンテープ

1. 曲がるストロー（6mm）のほうに、リードを作る。

直径6mm

2. 1に模様を描き、5mmのストローを組み入れるとでき上がり。

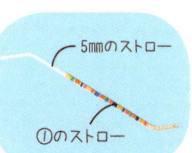

5mmのストロー
①のストロー

おまけ 折り紙でできる笛仲間！
葉っぱの形deクルクル笛

1. 折り紙（1/4）を図のように切る。

2. クルクルと筒状に巻き、最後をセロハンテープで留める。
★4.5mmのストローに巻くのがコツ！

3. 筒の一方を指でつぶしてリードを作る。

おまけ 折り紙でできる笛仲間！
折り方超簡単！ ピーピー笛

1. 折り紙（1/4）を図のように対角線に沿って折る。

2. 角（2か所）を2cmほど折り返す。

折り返した角を、指で挟んで強く吹く。

スグできる！ラクラクおもちゃ

スグできる！ラクラクおもちゃ

ミミンバ

超カンタン ━━━━ カンタン

遊び方
紙コップを耳に当て、指で輪ゴムを弾きながら音を出そう。
好きな音はどんな音？ 探りながら鳴らしてね！

ナルホド ヒント！
輪ゴムを強く張れば高い音、弱く張れば低い音が出る。

作り方

1. 紙コップの8か所に、ハサミで図のような切り込みを入れる。

   デキル ポイント！
   底の縁の間隔は1cmくらい。切り込みは底面の途中まで。

2. 好きな模様を描く。

3. 切れ目に輪ゴムを掛ける。

   輪ゴム

子どもがワクワクする工夫

- 紙コップの底に掛けた輪ゴムを浮かすことがポイント。輪ゴムをはじくと破裂音が鳴るので、危険な使い方をしないようにルールを決めておこう！
- 紙コップをホーンに、いろいろな音を創ってみよう。

用意するもの
【材料】紙コップ、輪ゴム（18番）
【用具】ハサミ、水性ペンまたは油性ペン

遊びが広がるバリエーション

ちょこっとアレンジ
Wミミンバ

輪ゴムと切り込みを増やすだけ。しかも、おもしろさはWで！

用意するもの
- 【材料】「ミミンバ」＋輪ゴム
- 【用具】「ミミンバ」と同じ。

作り方

作り方は「ミミンバ」と同じ。切れ目を増やして弦を4本にする。

5mm間隔 / 2cm 2cm

ちょこっとアレンジ
アニマルホーン

紙コップを共鳴させて出す耳楽器を愉快なアニマルユニットで！

用意するもの
- 【材料】紙コップ、曲がるストロー（6mm）、たこ糸（50cmくらい）、色画用紙や折り紙など
- 【用具】キリまたはカルコ、えんぴつ、水性ペン

アヒルのガーピー

1. 紙コップの底面に、キリで2か所穴をあける。

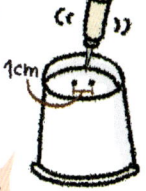

デキルポイント！ 穴の間隔は1cmくらい。

2. 1の穴に、たこ糸を通し、輪にして結ぶ。

底がちぎれないように、穴と穴の間（1cmの部分）にセロハンテープをはる

遊び方
水でぬらしたティッシュで、糸を挟んで弾こう！

カエルのスワッチ

1. 紙コップの底面に、キリで2か所穴をあけ、えんぴつで広げる。

デキルポイント！ 穴の間隔は2cmくらい。

2. 1の穴に、曲がるストロー（一部切る）を図のように差し込む。

遊び方
ストローの曲がる部分をつめでこすって音を出すよ。速さを変えて鳴らしてみよう！

スグできる！ラクラクおもちゃ

53

スグできる！ラクラクおもちゃ
ふしぎヘコヘコ

超カンタン ■■■——— カンタン

遊び方
"フッフッ！"と息を吹きかけると、頭を振り振り体を上下しながら前進していくふしぎなヘコヘコ。頭のほうに息をかけると、おじぎしているみたい！

作り方

① コピー用紙を縦に3回折る。

② 広げて折り目をハサミで切る。

③ 1本を横に3回折る。

デキル ポイント！ 3回目は、コピー用紙の端が内側になるよう谷折りにする。

デキル ポイント！ ○印の部分がハの字になるように調整。

デキル ポイント！ 息を吹きかけるのは、おしりから数えて3つ目の斜面。

子どもがワクワクする工夫
- 紙を折っただけの造形物が生きているように動くゴキゲンおもちゃ。3回目の折り方が大切！
- 紙の形を変えたり、模様を付けたり、ストロー笛で音を鳴らしながら息をかけたりいろいろ工夫して遊んでみよう！

用意するもの
【材料】A4サイズコピー用紙（1枚で8ひきできる）
【用具】ハサミ、油性ペン

遊びが広がるバリエーション

もっと遊ぼう！
ヘコヘコ相撲

遊び方

土俵を作って、相撲をしよう！
強く吹きすぎると、自分のヘコヘコが土俵から飛び出るよ！

もっと遊ぼう！
カラフルストロー de ヘコヘコ競争

用意するもの
【材料】「ヘコヘコ」＋折り紙
【用具】セロハンテープ

カラフルストローの作り方

少し折る　　裏返してクルクル巻く

セロハンテープ

遊び方

友達と競争！　コースからはみ出ないようにゴールインしよう！

ちょこっとアレンジ
ヘコヘコブラザーズ

ふしぎキャラクター集合！

シャクトリくん

図の部分を切る

クルクルアオムシくん

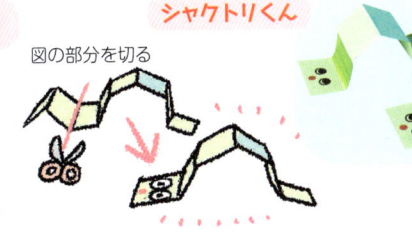

しっぽを少しカールさせる

ハンサムアオムシくん

頭を折り、しっぽを少し切る

スグできる！ラクラクおもちゃ

55

スグできる！ラクラクおもちゃ
クルクルプロペラ

超カンタン ―― カンタン

羽根の角度は広げすぎず、左右対称に！
デキル ポイント！

遊び方
2枚の羽根を少し広げ、プロペラの先を持って落とすとクルクル回りながら落ちてくるよ！

作り方

1. コピー用紙を16等分にする。 
2. 縦半分に折り目を付け、図のように斜めに折り目を付けて、折り畳む。

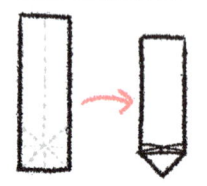

   端から三角に2回たたむだけでもOK！

3. 裏返して、縦の折り目に沿って折る。 
4. 手ハサミで半分まで切れ目を入れる。

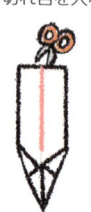

模様を描くとでき上がり。

子どもがワクワクする工夫
- うまく回らなければ、羽根を半分まで裂いているか、左右の羽根を同じ形に広げているかどうかをチェック！
- 飛ばしたプロペラを紙コップなどでキャッチしても楽しいよ。

用意するもの
【材料】A4サイズコピー用紙
【用具】ハサミ、水性ペン

遊びが広がるバリエーション

スグできる！ラクラクおもちゃ

ちょこっとアレンジ
クルクルアニマル

キツネかな？　ウサギかな？
動物の顔を描いてみよう！

もっと遊ぼう！
クルクルダーツ

地面に円を描いて
点数をつけておく

おまけ　回るの大好き仲間！
キンペラ、キャンペラ

【用意するもの】
【材料】折り紙…1/4
【用具】ハサミ

キンペラ

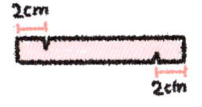

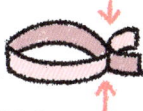

2cm / 2cm

輪にして、切り込みの
部分を組み合わせる。

キャンペラ

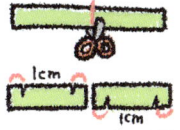

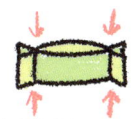

1cm / 1cm

キャンディの形になるように
切り込みを組み合わせる。

おまけ　回るの大好き仲間！
クルクルストロー

1. 曲がるストローを図のよう2cm（Ⓑ）と4cm（Ⓐ）に切り取る。

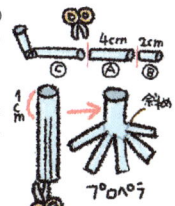

2. Ⓐを図のように1cm残して4か所に切り込みを入れ、斜めに折ってプロペラを作る。

3. 曲がるストローⒸに、細いストローを図のようにセロハンテープで留め、プロペラを通した後、細いストローの先を折り曲げて、Ⓑのストッパーをかぶせる。

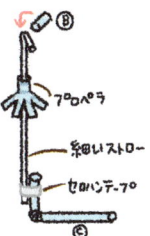

【用意するもの】
【材料】曲がるストロー（太）、ストロー（細）
【用具】ハサミ、セロハンテープ

57

スグできる！ラクラクおもちゃ
クルクルちゃん

超カンタン ━━━━ カンタン

遊び方　窓や軒下につるそう！　風が吹くとクルクルと回るよ。目を描くと、おちゃめなクルクルちゃんに。息を吹きかけて、ダンスをさせても楽しいね！

作り方

1. 紙コップの底を切る。

2. 図のように切り込みを入れて、それぞれを斜めに折ってプロペラ状にする。
   折り目　8等分

3. 油性ペンで目を描いて、もうひとつの紙コップに重ねる。

4. 紙コップの底の中心に穴をあけ、たこ糸を通して端に結び目を作るとでき上がり。

子どもがワクワクする工夫

- 軒先にぶら下げておくと風を受けてずっと回り続けます。
- クルクルちゃんの頭の上に発泡球を通し、コップの下からモールの足が出ると、「クルクルバレリーナ」に変身！

用意するもの
【材料】紙コップ…2個、もめん糸（太）
【用具】ハサミ、キリまたはカルコ、油性ペン

58

遊びが広がるバリエーション

もっと遊ぼう！
七夕飾りクルクルちゃん

遊び方

「クルクルちゃん」に、短冊や星、吹き流しを付けて七夕飾りを楽しもう！

もっと遊ぼう！
走って！走って！クルクルちゃん

遊び方

「クルクルちゃん」のひもを引っ張って走ったり、割りばしの先に付けて「クルクルちょうちん」にして走ったりしよう！ 夜店遊びが楽しくなるよ！

ちょこっとアレンジ
クルクルタコちゃん

「クルクルちゃん」と同じ材料でできるよ！

1. 「クルクルちゃん」の本体を用意する。

2. 左ページ1で切り抜いたコップの底に絵を描き、図のように縁の部分に2か所穴をあけ、ひもを通すとでき上がり。

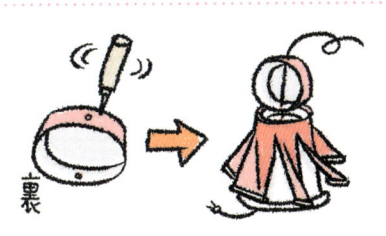

スグできる！ラクラクおもちゃ

スグできる！ラクラクおもちゃ

ブンブンごま

超カンタン ▬▬▬▬□ カンタン

遊び方

こまを4～5回巻いたら、左右に強く引き、こまの回転が逆になり始めたらひもの張りを緩めよう。そしてまた、こまが逆になり始めたらひもを強く引く。これを繰り返すと、こまがブーンブーンと大きな音を立てて回るよ！

作り方

1 工作用紙をWに折って、のりではる。

20cm / 5cm / のり

> デキル ポイント！
> 折り目はきっちり、つめアイロンで（強めに）。

2 対角線を引き、交点から5mmのところに穴をあけて、周りに好きな色を塗る。

5mm

穴は、ひもが自由に通るように大きめに

3 穴にひもを通すとでき上がり。

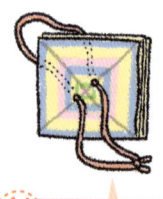

> デキル ポイント！
> ひもの長さは1m

子どもがワクワクする工夫

- 糸の張りはV字にならないように、常に一直線になるように伸び縮みさせます。
- 慣れたらこまを巻かず、糸を左右にチョンチョンと引いて、そのときにできたひもの「より」を大きくするように回します。

用意するもの

【材料】工作用紙（碁盤目のあるもの・5cm×20cm）、ひも（1m）
【用具】キリまたはカルコ、のり、油性ペン

遊びが広がるバリエーション

ちょこっとアレンジ
ジャンボブンブン

風がくるくらいダイナミックに回るよ！

用意するもの
【材料】紙皿…2枚、ひも（1.2m）
【用具】キリまたはカルコ、のり、水性ペン

1. 2枚の紙皿に模様を描き。底同士、のりで付ける。

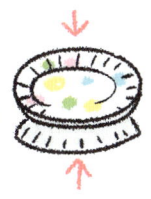

2. 対角線の交点から5㎜のところに穴をあけ、その周りに色を塗ったり模様を描いたりする。

> **ナルホド ヒント！**
> 穴の位置は、別の皿を4つに折り、対角線の交点を決めて穴をあけたものを使って決める。

3. ひもを通したらでき上がり。

もっと遊ぼう！
ブンブンギネスに挑戦！

ひとりで2個回し、3個回し

ふたりで2個回し、3人で3個回し

もっと遊ぼう！
いろいろブンブン

遊び方 ボタン、円形、三角形のものなど、いろいろな形のものを回してみよう！

厚紙で作った円形のこま

ボタン

三角形も

> **ナルホド ヒント！**
> 三角形など、いろいろな形のものを回すときは、重心を探して、そこから5㎜のところに2個穴をあけるとよい。

スグできる！ラクラクおもちゃ

61

スグできる！ラクラクおもちゃ
キラキラ ぼうえんきょう

超カンタン ■■■■■□□ カンタン

遊び方

窓の外など、明るい方向を見て回そう！
ナルホド ヒント！

望遠鏡をクルクル回しながら、いろいろなものをのぞいてみよう！見えた世界がキラキラきれい！

作り方

1. アルミホイルを一度丸めて、しわを付ける。 
2. トイレットペーパーの芯の中に ❶のアルミホイルを筒状に入れ、外に折り返し、セロハンテープで留める。
3. 筒の外側に千代紙などをはって飾り、縁の部分にビニールテープを巻くとでき上がり。

内側が光る面になるように
デキル ポイント！

子どもがワクワクする工夫

- 子どもにとって、小さな穴はのぞくだけでもワクワク！　それだけで遊びになります。この望遠鏡はさらにキラキラを加えたゴキゲングッズ。
- アルミホイルをでこぼこにしたり、カラーセロハンを使ったりすると、いっそう想像の世界へワープできるかも！？

用意するもの

【材料】トイレットペーパーの芯、アルミホイル（15cm×15cm）、千代紙（折り紙でも）
【用具】セロハンテープ、両面テープ、ビニールテープ、のり

62

遊びが広がるバリエーション

ちょこっとアレンジ
キラキラ万華鏡

しかけがバージョンアップして万華鏡に。

用意するもの
【材料】「キラキラぼうえんきょう」＋キッチンポリ袋
【用具】「キラキラぼうえんきょう」＋油性ペン

1. 「キラキラ望遠鏡」の 1 ～ 2 まで同様に作る。 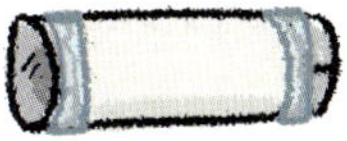
2. 四角く切った半透明のキッチンポリ袋に、油性ペンで模様を描いて 1 にかぶせる。 
3. 筒にかぶせた 2 を、セロハンテープで引っ張りながら留める。

★千代紙などをはって、縁の部分にビニールテープを巻くとでき上がり。

もっと遊ぼう！
色がチェンジ！

遊び方
ポリ袋の代わりにカラーセロハンを挟んだクリアフォルダーを動かすと、色の変化がおもしろいよ！

もっと遊ぼう！
ダブル万華鏡

遊び方
万華鏡をふたつくっつけると、キラキラの世界がダブルで広がる！

スグできる！ラクラクおもちゃ

スグできる！ラクラクおもちゃ

六角がえし

超カンタン ■■■■■□ カンタン

六角がえしは、三角形に折った紙から3つの絵が現れる不思議なおもちゃ。場面を変えるときに、「ドキドキ！」や「ポン！」などの言葉を言ったり、お話をしたりすると楽しいよ！

デキル ポイント！ 絵は必ず同じ面に描く！

作り方

① コピー用紙を5cm幅の帯に切る。

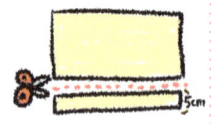

② 紙の真ん中に折り目を入れ、図のように(★)の三角形の角を中心(★)に合わせるようにして折る。

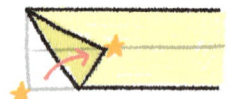

③ (●)の三角形の角を、帯の底辺(●)に重ねるようにして折る。この要領で順にびょうぶ折りして、10個の三角形を作る。

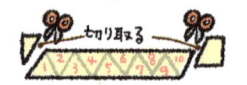

④ ③でできた1と10の三角形をのり付けした後、開いて六角形を作る。

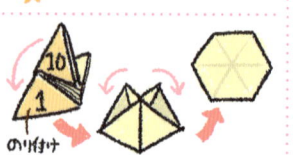

ナルホド ヒント！ 交互にひっくり返して折る！

⑤ 六角形の面に絵を描いて図のように畳んで広げると、新しい面が出てくるので、そこに絵を描く。合計3回繰り返して3面に絵を描く。

子どもがワクワクする工夫

- 10個の正三角形を正確に折ること、絵は同じ面に描くことがポイント。
- 油性ペンは裏移りがするので、水性ペンか紙用のマーカーで描こう。
- 紙のクセがつくまで、何度か畳んで開いてを繰り返そう！

用意するもの

【材料】コピー用紙（B4サイズ）
【用具】ハサミ、のり、水性ペン

遊びが広がるバリエーション

スグできる！ラクラクおもちゃ

もっと遊ぼう！
いろいろ3コマストーリー

遊び方 3つの場面の絵や模様をおもしろい展開にして遊ぼう！

大きくなっちゃった！

プー、プー、パンッ!!

笑うと負けよ！

パク、パク、パックン！

もっと遊ぼう！
じゃんけんグーチョキパー

じゃーんけん　ポン！

遊び方
指じゃんけんと違うおもしろさ！
グーを出すと見せかけて〜!?

ちょこっとアレンジ
ジャンボ六角がえし

模造紙を使って大きな六角がえしを作ろう！
お話もジャンボ級！

65

スグできる！ラクラクおもちゃ

ヘソ
ヒコーキ

超カンタン ■■■■■□ カンタン

飛ばすときは、風がやんだときに！
ナルホド ヒント！

遊び方 ヘソの部分を親指とひとさし指でつまんで、斜め上に向かって思い切り飛ばそう！

作り方

① 縦二つ折りにしてできた中心線に向けて角を折る。

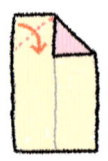

② 三角の部分を下へ折る。
1mmほどすき間を空ける
AとBgほぼ同じ長さに

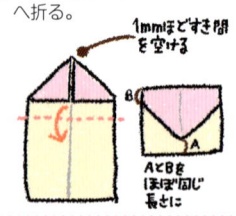

③ 角を中心に向けて折る。

④ 飛び出た三角のヘソを上に折り、外に向けて二つ折りにする。
谷折り線

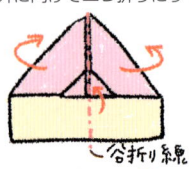

⑤ 下辺が重なるようにそれぞれの両側へ折る。

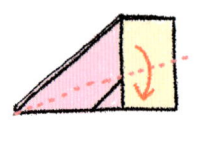

模様を描いてカッコよくしてもOK！

子どもがワクワクする工夫

- ①折り方、②調整のしかた、③飛ばし方の3つが整ってよく飛ぶようになります。
- 折り方は、きっちりつめアイロンをするのがポイント。
- ヒコーキの調整は、飛んでいるときの主翼が水平になるようにし、飛ばすときは思い切って飛ばそう！

用意するもの

【材料】A4サイズコピー用紙
【用具】セロハンテープ、油性ペン

遊びが広がるバリエーション

用意するもの
【材料】【用具】「ヘソ飛行機」と同様。

ちょこっとアレンジ
とんがり飛行機
シャープでスリム！飛距離はどうかな？

1. 縦二つ折りにした中心線に向けて角を折る。 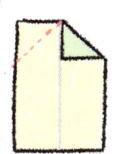
2. 重ねるように、再度中心線に向けて折る 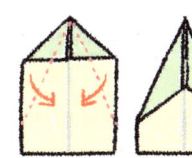
3. ●印の斜辺を、それぞれ下辺へ重なるように両側へ折る。

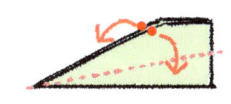

dekita!

デキル ポイント！
羽根が開くときは、セロハンテープをはると、安定してよく飛ぶ。

もっと遊ぼう！
紙飛行機オリンピック

遊び方 いろいろな競技を設定して、みんなでオリンピックを楽しもう！

滞空時間競技

飛距離競技

的当て競技
的は厚紙などをL字に折って

飛行機の飛ばし方、調整のしかた

ヘソヒコーキ
ヘソの部分を親指とひとさし指でつまみ、斜め上に向かって思い切り飛ばす。手首は動かさずに、腕を一直線に押し出すようにする。

とんがりヒコーキ
先端から1/3くらい

紙飛行機の真ん中より少し前（先端から1/3くらいの所）を持って、一直線に押し出すように飛ばす。

調整
手で持っているときの角度。

飛んでいるときの角度。

スグできる！ラクラクおもちゃ

スグできる！ラクラクおもちゃ
ブルルン紙トンボ

超カンタン ──── カンタン

デキル ポイント！ 羽根は水平に整えるのが、よく飛ぶコツ！

遊び方
ストローの真ん中を両手で軽く挟んで、右手を押し出し、左手を手前に引くように回転させながらすばやく手を離すと、"ブルルン！"と飛んでいくよ！

ナルホド ヒント！ 裏にも模様を描くときれい！

作り方

1. 工作用紙をふたつに折り、折り目の部分にセロハンテープを巻く。★羽根ができる（1周させる）

2. ストローに1cmの切り込みを入れる。

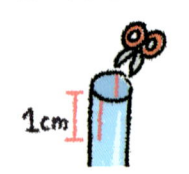

3. 1の羽根をストローの切り込みに差し込んで、セロハンテープで留める。（1周させる）

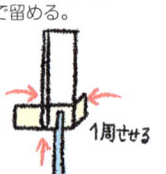

4. 羽根を斜めに折る。★両面共（45°　45°）

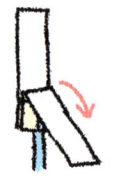

5. 羽根の表と裏に模様を描いて、水平にするとでき上がり。

子どもが ワクワク する 工夫
- 紙トンボは正確さが大切。ストローと工作用紙の接合はまっすぐに。羽根の角度は左右同じ角度が鉄則！
- 子どもの手でもよく飛ぶように回転を上げるため、ストローは4.5mmがオススメ！

用意するもの
【材料】工作用紙（2cm×15cm）…1枚、ストロー（4.5mm）
【用具】ハサミ、セロハンテープ、油性ペン

遊びが広がるバリエーション

スグできる！ラクラクおもちゃ

ちょこっとアレンジ
色イロカラフル紙トンボ

シンプルな模様でも、回ると見え方が違うよ！
色や模様の違う紙トンボを作って試して遊ぼう！

ストライプ / 水玉 / 波型 / ギザギザ / 色違い水玉

もっと遊ぼう！
横飛ばし

遊び方 コツを覚えると、いろいろ試したくなる紙トンボ。滞空時間や飛距離だけではなく、オリジナルな飛ばし方を考えて、紙トンボ名人になろう！

もっと遊ぼう！
逆さ飛ばし

もっと遊ぼう！
紙トンボキャッチ！

もっと遊ぼう！
着地ゲーム

いろいろなマークなどを描いた円を描いて、宣言したマークの中に入ればOK！

ハートに入れてね

スグできる！ラクラクおもちゃ

モコモコくん

超カンタン ■■■■□ カンタン

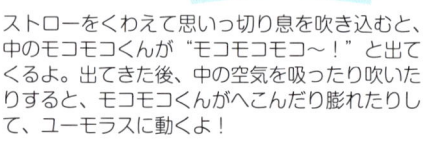

遊び方 ストローをくわえて思いっ切り息を吹き込むと、中のモコモコくんが"モコモコモコ〜！"と出てくるよ。出てきた後、中の空気を吸ったり吹いたりすると、モコモコくんがへこんだり膨れたりして、ユーモラスに動くよ！

作り方

1. 傘袋を半分に切り、図のようにストローの曲がるほうの先にかぶせてセロハンテープでしっかり留める。

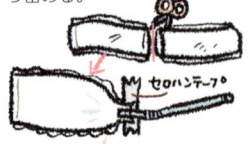

2. 油性ペンで傘袋に好きな絵を描く。

3. 紙コップに、キリで穴をあけ、えんぴつで広げる。

デキル ポイント！ ストローの先をしっかり袋の中に入れておく。

4. 2を紙コップの入れ、ストローを内側の穴から出す。紙コップにも色を塗ったり絵を描くとでき上がり。

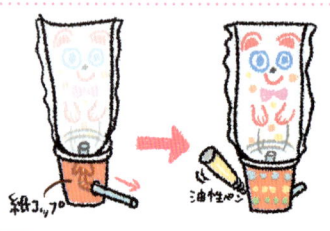

子どもがワクワクする工夫

- 楽しく遊ぶためには、子どものひと息で膨らむ長さに調節しよう。残った袋は「ちょんまげちゃん」にしてお友達を増やそう！
- うまく膨らまないときは、息のもれや穴をふさいでいないか、袋に穴があいていないかをチェック。

用意するもの

【材料】傘袋、曲がるストロー（太）、紙コップ

【用具】キリまたはカルコ、えんぴつ、ハサミ、セロハンテープ、油性ペン

遊びが広がるバリエーション

スグできる！ラクラクおもちゃ

ちょこっとアレンジ
ちょんまげちゃん

ストローから送り込む、空気で膨らむしかけ。

用意するもの
【材料】【用具】「モコモコくん」と同じ。

1. 傘袋を半分に切って、「モコモコくん」のときのもう片方の円筒状のものを使う。 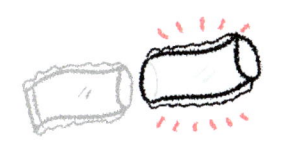
2. 1の筒状の傘袋の一方の先を図のように絞ってちょんまげを作り、セロハンテープで巻く。
3. 1〜4は「モコモコくん」と同じ。

★先は結んでもOK！

ちょこっとアレンジ
おもち、ブク〜！

同じしかけで、ペタンコのおもちが"ブク〜！"と膨れる！

用意するもの
【材料】キッチンポリ袋（半透明）、曲がるストロー（6mm）、菓子箱など（直方体のもの）
【用具】キリまたはカルコ、ハサミ、セロハンテープ、油性ペン

1. ストローの曲がるほうの先にポリ袋をかぶせ、セロハンテープでしっかり留める。 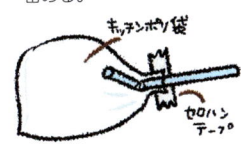
2. 菓子箱の一面の一部を切り取り、側面の1か所にキリで穴をあけ、えんぴつで広げる。  
3. 2の内側の穴から1出し、ポリ袋を平らにして詰めてセットするとスタンバイOK。

★ストロー笛（P.50）にしてもおもしろい！

おまけ
いないいない、ばあ！

紙コップから紙コップが飛び出すしかけ。

用意するもの
【材料】紙コップ…2個、たこ糸（30cm）
【用具】カルコまたはキリ、水性ペン

1. 2個の紙コップを図のように、カルコまたはキリで穴をあけ、たこ糸を通してセットする。
2. 紙コップに、好きな絵を描くとでき上がり。

71

カンタン！製作おもちゃ
ポンポンボール

超カンタン ━━━━━ カンタン

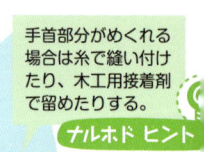

手首部分がめくれる場合は糸で縫い付けたり、木工用接着剤で留めたりする。
ナルホド ヒント！

遊び方 輪ゴムに指を通して、ヨーヨーみたいにボールをポンポンとついて遊ぼう！弾んだボールがうまくコントロールでき、手に戻ってくるようになったら、連続づきにも挑戦してね！

作り方

① 軍手の中指に輪ゴムを掛けて、中指とくすり指を固結びし、さらに輪ゴムを2本つなぐ。
結ぶ

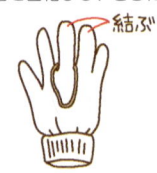

② 小指、ひとさし指、親指を畳み、トイレットペーパーを強く巻き付ける。

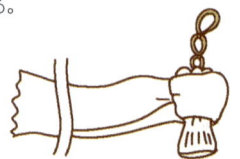

③ 手首部分を裏返し、トイレットペーパーを中に強く押し込む。 
丸める
デキル ポイント！ トイレットペーパーをできるだけ奥に押し込み、丸くなるように形を整える。

④ 手首部分を輪ゴムで強く縛った後、折り返すとでき上がり。

指が抜けないように輪を作る。
ナルホド ヒント！ 
輪
dakita!
油性ペンで好きな絵を描こう！

子どもがワクワクする工夫
- 輪ゴムを思い切り伸ばすと、手に当たったときに音が鳴るよ。
- 輪ゴムは、じょうぶで伸縮性に優れた日本製がオススメ。

用意するもの
【材料】軍手（片手分）、輪ゴム…4本、トイレットペーパー（ダブル）…3m
【用具】油性ペン

遊びが広がるバリエーション

カンタン！製作おもちゃ

もっと遊ぼう！
ダブルポンポン！

遊び方 ふたつ作って、両手でチャレンジしてみよう！

もっと遊ぼう！
ポンポン名人にチャレンジ！

遊び方

連続してつけるようになったら、ボールの向きを「下、斜め、横、上」と決めて、難しいテクニックに挑戦し、名人を極めよう！

	10回	20回	30回
したポンポン	ふつう	なかなか	やるね
ななめポンポン	なかなか	やるね	すごい
よこポンポン	やるね	すごい	たつじん
うえポンポン	すごい	たつじん	めいじん

ちょこっとアレンジ
動物ポンポン

ひとさし指と小指を畳ます作るとウサちゃん、耳を短くするとクマちゃんに。好きな動物にアレンジしてみよう！

カンタン！製作おもちゃ
タオルパペット

超カンタン ▰▰▰▱▱ カンタン

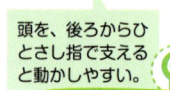

遊び方
タオルパペットを持って動かしながらお話をしよう！
腹話術をしても楽しいね！

ナルホド ヒント！
頭を、後ろからひとさし指で支えると動かしやすい。

作り方

1. フェイスタオルをふたつに折る。

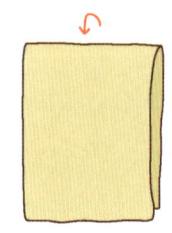

2. タオルの両端を輪ゴムで留め、空気を入れたキッチンポリ袋をタオルの中へ入れる。
   - 輪ゴムで留める
   - キッチンポリ袋
   - 入れる
   - 輪ゴム

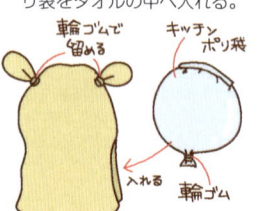

3. タオルのしわを伸ばして輪ゴムで留める。
   - 輪ゴムで留める

目や口を付けるとでき上がり。
- はる

子どもがワクワクする工夫
- 肌触りがよく乳児のおもちゃとしても好適。
- 「こんにちはコップちゃん」（P.48）と同様、子ども同士や親子のコミュニケーショングッズとして生かしたり、保育者の助手にもなったりするよ。
- 目玉シールで顔を作ると、汚れたときシールを外して洗えるよ！

用意するもの
【材料】フェイスタオル、輪ゴム…4本、キッチンポリ袋（小）、丸シール（白・黒）、フェルト
【用具】布用接着剤

遊びが広がるバリエーション

ちょこっとアレンジ
ミニタオルパペット

ミニタオルを折って輪ゴムで縛るだけ。指を入れて遊ぼう！

1. ミニタオルを図のように折る。 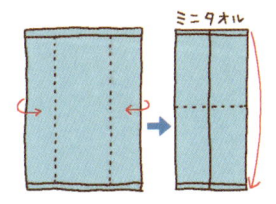
2. 輪ゴムで○の箇所をそれぞれ留める。★両耳と首の部分ができる。 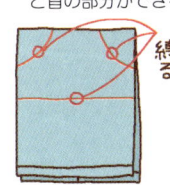
   - 輪ゴムで3か所を縛る
3. タオルのすきまから中にティッシュペーパーを入れて形を整える。
   - ティッシュペーパーを詰める
   - はる
   - dekita!

目や口を付けるとでき上がり。

用意するもの
【材料】ミニタオル、輪ゴム…3本、ティッシュペーパー、丸シール（白・黒）、フェルト
【用具】布用接着剤

おまけ
こんにちは！パペット

出たり隠れたり…。遊びが楽しく広がるよ！

用意するもの
【材料】カラー軍手（片手）、輪ゴム…2本、ティッシュペーパー、紙コップ、割りばし、フェルト
【用具】布用接着剤

1. 軍手を裏返した状態で、くすり指とひとさし指を半分に折り、輪ゴムで図のように留める。 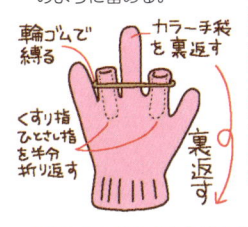
   - 輪ゴムで縛る
   - カラー手袋を裏返す
   - くすり指ひとさし指を半分折り返す
   - 裏返す
2. 表に戻して、顔の部分にティッシュペーパーを詰め、割りばしを差して整え、輪ゴムで留める。 
   - ティッシュペーパーを詰める
   - 輪ゴムで縛る
   - 割りばし
3. 胴体の紙コップを切って底に切り込みを入れ、2を通す。
   - 差し込む
   - 紙コップ
   - 穴

もっと遊ぼう！
パペット人形劇

遊び方
色の違ったタオルや軍手を使い、フェルトで目、口を変えていろいろなキャラクターのパペット仲間を作ろう！　全員集合で人形劇をしても楽しいよ！

カンタン！製作おもちゃ

75

カンタン！製作おもちゃ

パタパタ鳥

(超カンタン ━━━━━ カンタン)

遊び方 紙コップ（胴体）を持つ手と、ストローを持つ手とをそれぞれ上下に動かすと、羽がパタパタ！　空を飛んでいるみたい〜！

作り方

1 くちばし、羽などを好きな形に切る。
（羽の付け根は2cm）

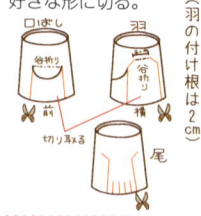

2 羽に切れ目を入れて折り上げ、くちばしを山と谷に折って作ってから、もう1つの紙コップへ胴体をかぶせる。

3 2の羽を折り上げた真下のコップに、キリとえんぴつで穴をあける（もう一方の羽の下も同様にする）。

4 穴の両側からストローを差し込み、コップの中で直角に折り曲げて2本そろえてセロハンテープで留めた後、図のようにストローを羽根とをセロハンテープで留める。

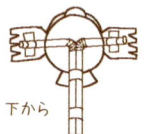

5 尾っぽを持ち上げてカールさせてから、水性ペンや折り紙で好きな絵を描いたり模様を付けるとでき上がり。

子どもがワクワクする工夫

- 紙コップ人形は、「こんにちはコップちゃん」（P.48）→「元祖 紙コップ人形」（P.77）→「スノーマン」（P.77）→「パタパタ鳥」（P.76）へと進化。
- ストローの手が短いときは、曲がるストローに縦に切れ目を入れて差し込めば、関節付きの手になるよ。

用意するもの

【材料】紙コップ…2個、曲がるストロー（6mm）…2本、折り紙

【用具】ハサミ、のり、キリまたはカルコ、えんぴつ、水性ペン、セロハンテープ

遊びが広がるバリエーション

ちょこっとアレンジ
元祖 紙コップ人形

これぞ、ストロー人形の
しかけの基本！

用意するもの
- 【材料】紙コップ…1個、曲がるストロー（6㎜）…2本、折り紙
- 【用具】ハサミ、水性ペン、キリまたはカルコ、えんぴつ、のり

作り方

1. 紙コップの両側にキリとえんぴつで穴をあける。

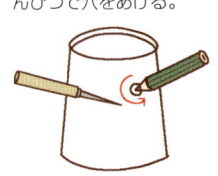

2. ①の穴からストローを差し込み、中で直角に折り曲げた後、ストローを中央でそろえてセロハンテープで留める。

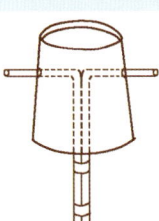

3. 紙コップに好きな顔を描き、ストローに手などを付けるとでき上がり。

ちょこっとアレンジ
スノーマン

曲がるストローで、
しかけをもっと
楽しくカンタンに！

用意するもの
- 【材料】曲がるストロー（太・6㎜）…2本、紙コップ、丸ばし…1本、発泡球…1個、折り紙
- 【用具】ハサミ、セロハンテープ、のり、油性ペン、キリまたはカルコ

作り方

1. 紙コップの底面の中心と、側面に穴をあける。

2. 側面からそれぞれ曲がるストローを入れ、ストローで丸ばしを挟むようにしてセロハンテープで巻いて留める。丸ばしの先は紙コップの底の穴から出す。

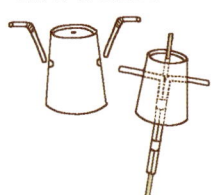

3. 発泡球に顔を描いて丸ばしの先に付けたり、折り紙で手を作ってストローに付けたりするとでき上がり。

カンタン！製作おもちゃ

カンタン！製作おもちゃ
ユラユラおばけ

超カンタン ▰▰▰▱▱▱ カンタン

遊び方
紙コップをツン！ とつっつくと、紙コップおばけがユラユラ揺れるよ！ でも、どれだけ揺れても倒れない、ユラユラおばけって、ガッツがあってタフだね！

作り方

1 ガチャガチャ容器のカプセルの底に、丸めた油ねんどを付ける。

油ねんど

デキル ポイント！
付きにくいときは、セロハンテープで留める。

2 紙コップに、水性ペンや折り紙で顔を描いたり、模様を作ってはったりする。

水性ペン
折り紙

3 紙コップに **1** のカプセルをセットし、セロハンテープではり付けるとでき上がり。

セロハンテープ

子どもがワクワクする工夫
- 起き上がり小法師（こぼし）は代表的な子どものおもちゃのひとつ。代表はダルマ。
- 動きが悪いときは、油粘土の中に小石などを入れて重いおもりにするとよい！

用意するもの
【素材】紙コップ、ガチャガチャ容器、油ねんど、折り紙
【用具】ハサミ、水性ペン、のり、セロハンテープ

遊びが広がるバリエーション

カンタン！製作おもちゃ

ちょこっとアレンジ
ベロ出しおばけ

ベロのしかけを指で回すと、おばけが、あっかんべ！

用意するもの
- 【材料】紙コップ、アルミの針金（2.5mm）、折り紙
- 【用具】ハサミ、ホッチキス、油性ペン、キリまたはカルコ、ペンチ

作り方

1. 紙コップの両側の同じ位置にキリで穴をあけ、穴の位置までハサミで切り込みを入れる。

2. ベロのしかけは、アルミの針金を図のように曲げ、折り紙で作ったベロを巻いてホッチキスで留める。

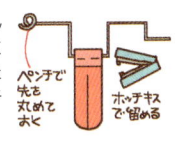

3. 紙コップからベロのしかけがスムーズに出るよう、ベロ出し窓は余裕を持たせてあけておく。

4. 2のベロのしかけを紙コップにセットした後、内側から両側の切り込みをセロハンテープで留めて閉じる。

おまけ
ブルブルおばけ

開けようとすると、おばけが騒ぐよ！愉快なしかけにびっくり～！

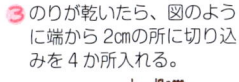

用意するもの
- 【材料】工作用紙（16cm×8cm）、茶封筒、折り紙、輪ゴム、ワッシャー（5円玉で代用も可）
- 【用具】ハサミ、のり、セロハンテープ、水性ペン

1. 工作用紙を、図のように2cm幅を残すように切り抜いて縁の部分を作る。

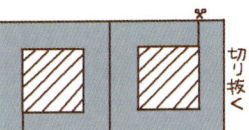

2. 1で切り抜いた縁を二つ折りにして、のりではり合わせる。

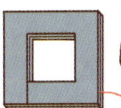

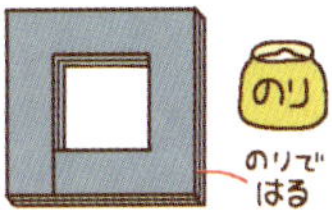

3. のりが乾いたら、図のように端から2cmの所に切り込みを4か所入れる。

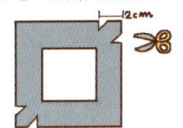

4. 輪ゴムをワッシャーに通して、図のような順に組んでセットする。

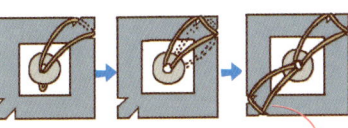

もう1本もセットする

遊び方 しかけのワッシャーを20～30回巻いて封筒に入れ、封筒の口をしっかりと二つ折りにする。相手が封筒を開けようとすると"ブルブルッ！"

79

カンタン！製作おもちゃ
新聞紙マジカルツリー

超カンタン ■■□□□ カンタン

遊び方
筒になった新聞紙を引っ張るとあらふしぎ？！ グーンと伸びてツリーになるよ！ タワーになるよ！

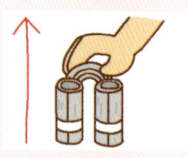

作り方
1. 新聞紙を広げて、1/2に切る。

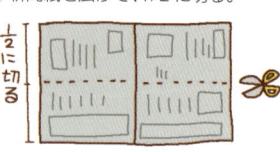

ツリータイプ
4つに裂いた新聞紙を外に広げた後、筒のいちばん内側の新聞紙を持って、一気に上に伸ばす。

タワータイプ
新聞紙をアーチ状にし、アーチの外側の新聞紙を持って、一気に伸ばす。

2. 切った新聞紙を巻いて筒状にする。

デキル ポイント！ 筒の直径は3cmくらい。

3. 筒状の新聞紙にセロハンテープをはって留める（2タイプ）。
   ツリータイプ　　タワータイプ

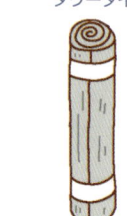

4. 3の新聞紙を図のように裂く（2タイプ）。
   ツリータイプ 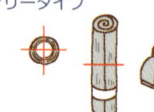 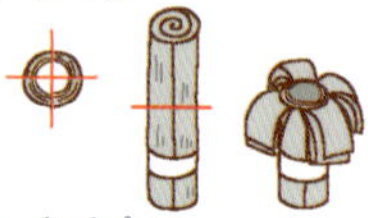
   タワータイプ　半分まで裂く

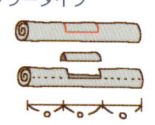

子どもがワクワクする工夫
- 新聞紙の直径は3～4cmがよく伸びるよ。
- 新聞紙を10cm重ねて巻き、2倍の長さにするとさらに迫力が出る。
- 壁面に木やタワーやつながる飾りをはって、マジカルワールドを作ろう！

用意するもの
【材料】新聞紙
【用具】ハサミ、セロハンテープ

遊びが広がるバリエーション

ちょこっとアレンジ ジャンボツリー

新聞紙を2倍にするだけでジャンボなツリーができる!

用意するもの
【材料】【用具】「新聞紙マジカルツリー」と同様

作り方

1. マジカルツリーの2倍の新聞紙を図のように重ねて巻いていく。
   ★筒の直径は4cmくらい。

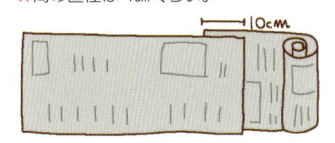

2. 以降はマジカルツリーと同様にする。

すご〜い!

ちょこっとアレンジ カラフルタワー

きれいな包装紙やカラフルな広告の紙を使って、タワーを作ろう!

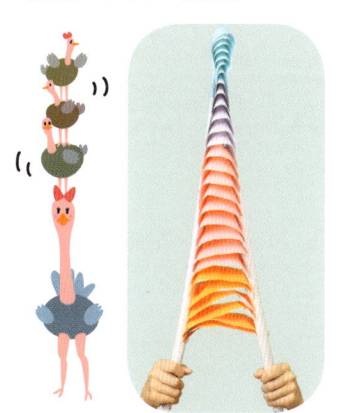

用意するもの
【材料】【用具】「新聞紙マジカルツリー」と同様

おまけ つながれ!つながれ〜!

新聞紙の折りを広げたら、連結してた!

1. 新聞紙を広げて横に1/2に切る。

2. 切った新聞紙を図のように3回畳む。

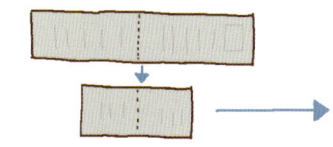

3. 2の新聞紙に絵や模様を描いて、切り絵のように輪郭を切り抜く。
   残す

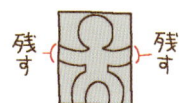

4. 新聞紙の両端をつまんで一気に広げる。

用意するもの
【材料】新聞紙 【用具】ハサミ

カンタン!製作おもちゃ

カンタン！製作おもちゃ

ごらいごう
（ご来迎）

超カンタン ▬▬▬▬ カンタン

遊び方 朝日が昇るようにも見えるところからついた名前で、江戸時代から伝わる縁起のいいおもちゃ。割りばしを押し上げると、折り畳んだ和紙がパッと広がるよ！

作り方

1. 和紙を2枚つなげて、短辺が18cmになるように切る。

   色水で染め紙をしてもOK！
   ナルホド ヒント！

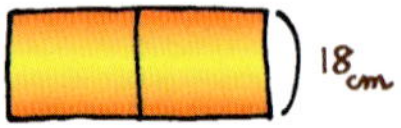

2. 図のように半分に折る。5回繰り返して折り目をつける。

3. 広げて階段折りにする。
   山折り　谷折り

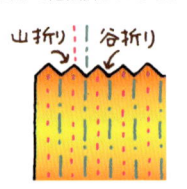

4. 中央をモールでくくり、のりではり付ける。
   のり　モール

5. 4を割りばしに付ける。
   ビニールテープ　割りばし

6. 千代紙を巻いて飾ったトイレットペーパーの芯に取り付けるとでき上がり。
   芯の中からテープで留める

子どもが ワクワクする工夫

- ラップの芯などで作れば、畳んだときと開いたときのギャップでさらにおもしろくなる。
- 筒の接続部分の和紙を二重にはり合わせて強度を上げると、長く遊べるよ。

用意するもの
【材料】和紙、トイレットペーパーの芯、割りばし…1膳、モール、千代紙
【用具】ハサミ、のり、セロハンテープ

遊びが広がるバリエーション

カンタン！製作おもちゃ

ちょこっとアレンジ
ごらいごういろいろバージョン

しくみのおもしろさとアイディアプラスで！

花火バージョン

動物バージョン
ライオン　クジャク

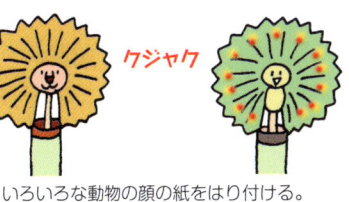

いろいろな動物の顔の紙をはり付ける。

水性ペンで模様を染めて花火に。

もっと遊ぼう！
応援プラカード

わーっ！　すごーい！

遊び方
1mくらいの特大サイズに挑戦しよう！　運動会などのイベントでの応援にインパクト発揮！

おまけ　和紙の折りと染めにチャレンジ！
色イロなボカシがきれい！

紙の折り方

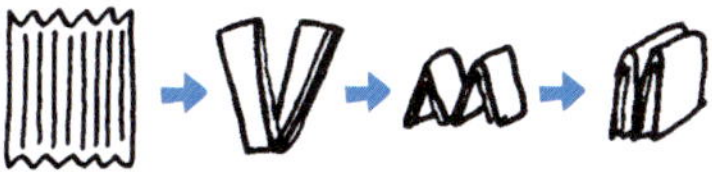

水性フェルトペンを使って
新聞紙の上に折った和紙を置き、水性フェルトペンでゆっくり色を染み込ませるようにして染め、ていねいに開いて乾かす。

染料を使って
和紙を食紅や市販の染料を使って染める。

こんな折り方でも試してみよう！

三角折り
1. 3～4cm幅でじゃばら折りにする。 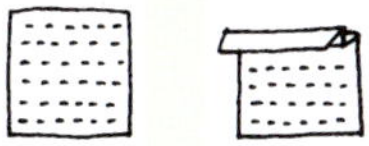
2. 1をさらに三角形にじゃばら折りにする。 
3. 三角形の直角の角を染料に浸して染める。

斜め三角折り
1. 和紙を二つ折りした後、図のように三角形にじゃばら折りする。 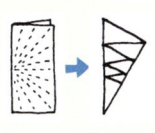
2. 適当な形に折り、角や辺を染料に浸して染める。

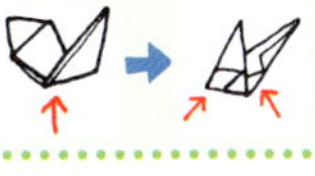

カンタン！製作おもちゃ
グルグル かざぐるま

超カンタン ▬▬▬▬ カンタン

遊び方
風を真正面に受けて走ろう！　風車がクルクル回るよ。
"フーッ！"と息を吹きかけて回してもいいね！

かざぐるまは、常に風を受ける方向に向けて！
デキル ポイント！

作り方

1. 折り紙を対角線に沿って折り、切り込みを入れる。

2. つまようじの頭の部分に、セロハンテープを挟むようにはり、3cmに切ったストローを通す。

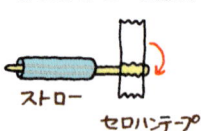

3. 2のつまようじを、折り紙の中心に裏から差し、折り紙の先をひとつおきにつまようじに差す。

4. 2cmほどに切ったストローの側面をつまようじの先端に差し込み、ストッパーにして留める。

5. かざぐるま本体のストローの部分を、割りばしの頭に乗せ、テープで固定する。

難しいときは、あらかじめ先に穴をあけておく。
デキル ポイント

季節に合った飾りを付けてもいいね！

割りばしの片方にテープを付けてから本体を乗せると、留めやすい
ナルホド ヒント！

子どもがワクワクする工夫
- 伝承おもちゃの横綱。ぜひ一度は作って遊ばせたいおもちゃ。
- かざぐるまの回し方はすぐに教えず、子どもがみずから工夫して見つけるようにしよう！　安易な成功体験は子どもを賢くしない。

用意するもの
【材料】折り紙…1枚、ストロー（細）、つまようじ（1本）、割りばし（1ぜん）
【用具】ハサミ、セロハンテープ

遊びが広がるバリエーション

ちょこっとアレンジ
ダイナミックかざぐるま

風車4台セット版！
回り方もハンパじゃない！
グルグルフォーで
超ダイナミック！

1. 段ボール2枚を両面テープではり付け、持ち手の部分を作る。

   - 15cm×15cm 好きな模様を描く
   - 両面テープ 段ボールを2枚重ねてはる
   - えんぴつ・キリ
   - 固結び
   - ひも・持ち手の部分

2. 「グルグルかざぐるま」4台を、段ボールの4つの角に差し込むとでき上がり。

   差し込む

用意するもの
【材料】「グルグルかざぐるま」＋段ボール（15cm四方）、ひも
【用具】「グルグルかざぐるま」同様

もっと遊ぼう！
かざぐるま回しっこ遊び

遊び方 自然の風、人工の風…、いろいろな風を知ろう！どうしたらたくさん風が受けられるか？ どうしたらよく回るか？ 頭もフル回転して考えてね！

回しっこ競争
何人かで歩きながら回し続け、止まったら負け！

風、どんと引き受けます！
風をうまくキャッチして、長く回し続けよう！

8の字回し！
床と平行に8の字を描くように連続して回そう！

いくつ回せるか新記録！
いくつ持てる？ いくつ回せる？

おぉ〜

カンタン！製作おもちゃ

85

カンタン！製作おもちゃ
水中エレベーター

超カンタン ━━━ カンタン

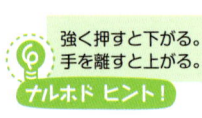

ナルホド ヒント！
強く押すと下がる。手を離すと上がる。

遊び方
水の入ったペットボトルを手で押したり離したりすると、中の浮沈子（ふちんし）が水中を上下してエレベーターみたいに動くよ！

作り方

1. ストローを約4cmの長さに切り、片方をつぶしてセロハンテープで上下左右から巻いて留める。

2. ストローに顔や模様を描き、ゼムクリップ（おもり）を2〜3個差し込む。

3. 紙コップに水を入れてストローを浮かす。ストローの先が少し水面に出るようにクリップの数を調整する。

4. ペットボトルに水をすりきりいっぱい入れ、浮沈子を静かに入れて、しっかりふたをする。

デキル ポイント！
上から水が入らないようにしっかり留める。

解決 Q&A
- Q 浮沈子が沈んでしまうときは？
  - おもり（クリップ）が重い
- A 数を減らすか、ストローを長くする。
- Q ストローの中に水が入ってしまったときは？
- A ストローをつまんで、浮沈子の中の水を出す。
- Q いくら押しても沈まないときは？
- A ストローを短くする。または、円筒形のペットボトルにする。

子どもがワクワクする工夫
- 浮沈子は、「浮いてこい」とも呼ばれる伝承おもちゃ。
- 動く原理はストローに入り込む水の量によって浮沈子の比重が変わるため。

用意するもの
【材料】ストロー（6mm）、ゼムクリップ（小）、ペットボトル（円筒形・500mℓ）
【用具】ハサミ、セロハンテープ、油性ペン、紙コップ

遊びが広がるバリエーション

カンタン！製作おもちゃ

ちょこっとアレンジ
ストロー de いろいろ浮沈子

作りやすい、使いやすいストロー材料でもっと！

アーチ型浮沈子
曲げてクリップ2本で留める。

デコボコ浮沈子
並べて2〜4本のクリップを付け、セロハンテープを巻く。

ラブラブ浮沈子
並べて2〜4本のクリップを付け、セロハンテープで留める。

ちょこっとアレンジ
これぞ浮沈子！おさかなちゃん

浮沈子の基本形を押さえよう！

【用意するもの】
- 【材料】しょう油またはソースの容器、六角ナット…1〜2個
- 【用具】セロハンテープ、油性ペン

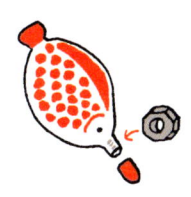

キャップを外して、六角ナットをはめる。
★2個の場合はセロハンテープで留める。

確かめよう！
- 六角ナット1個の場合
  水を入れた別容器に浮沈子を入れ、水面ぎりぎりの所に浮かぶよう、しょう油の容器に水を入れて調節。
- 六角ナット2個の場合、水を入れなくてもほぼだいじょうぶ。

ちょこっとアレンジ
フワフワ宇宙人

浮遊感満点材料！

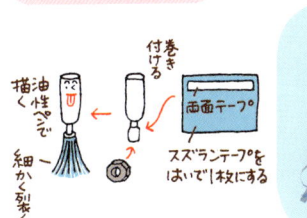

図のように、ソース容器に六角ナットをはめ、スズランテープを巻き付ける。

（図注：巻き付ける／油性ペンで描く／細かく裂く／両面テープ／スズランテープをはいで1枚にする）

【用意するもの】
- 【材料】ソースの容器、スズランテープ、六角ナット
- 【用具】両面テープ、油性ペン

もっと遊ぼう！
浮いてこい！ マジック

こんにちは

遊び方 ペットボトルに色画用紙の帯を巻いて、消えたり現れたりさせるとおもしろいよ！

87

カンタン！製作おもちゃ
紙パックフリスビー

超カンタン ▬▬▬▬▬▭ カンタン

遊び方
フリスビーの羽根の1枚を持って、体の内側から外側に向かって回転させながら飛ばすよ。手首のスナップを利かせて、うまく飛ばそう！

作り方

1. 底面と注ぎ口の3面を切り取る。

2. 側面の……の部分を山に折って図のような三角柱にした後、8等分に切り込みを入れる。

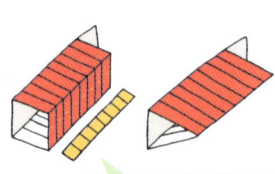

ナルホド ヒント！
同じ長さの紙の帯を3回畳んで開くと8等分の定規になる。

3. 矢印のほうへ開いてクルッと輪にする。

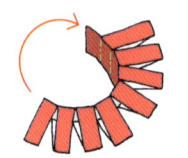

4. ホッチキスで留めて、それぞれの羽根の先をビニールテープで巻くとでき上がり。

ホッチキスで留める

デキル ポイント！
先にビニールテープを巻くと、羽根をがんじょうにし、適度な重みもできてよく飛ぶ！

子どもが ワクワク する 工夫
- 回転を上げて水平に投げることがかっこよく飛ばせるコツ。
- 遊ぶときは戸外や広いホールなどのスペースで。
- 保管は、まとめてひもに通して結んでおくか、ポールなどに差し込んでおくと便利。

用意するもの
【材料】牛乳パック（1000㎖）、ビニールテープ
【用具】ハサミ、ホッチキス

遊びが広がるバリエーション

ちょこっとアレンジ
ソフトフリスビー

用意するもの
【材料】牛乳パック（1000mℓ）、折り紙
【用具】ハサミ、ホッチキス、のり

ソフト仕様で、少々当たってもだいじょうぶ！
簡単に作れて、低年齢児にも安心してできるフリスビー！

1「紙パックフリスビー」の**1**〜**2**まで同様にして作る。

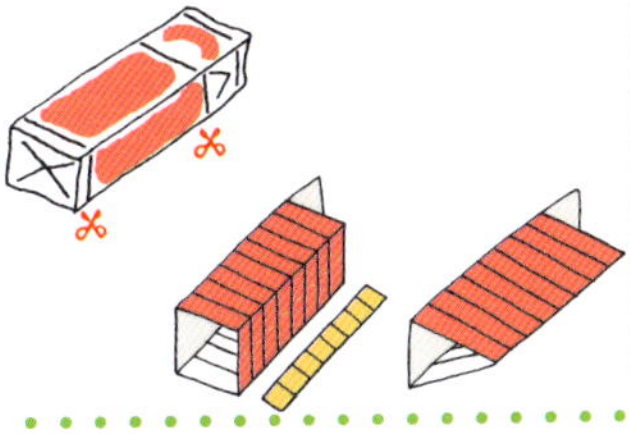

2 **1**で作ったものをクルッと輪にしてホッチキスで留めた後、折り紙などで飾ればでき上がり。

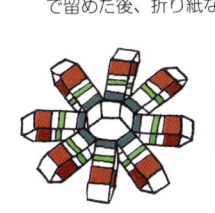

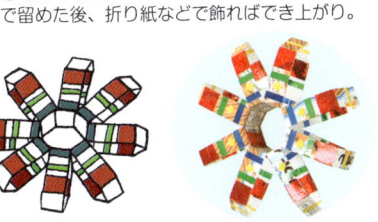

もっと遊ぼう！
フリスビーオリンピック3種競技

遊び方 個人戦、チーム戦、それぞれ得点を付けて順位を決めよう！

フリスビー円盤投げ

園庭などにラインを引き、点数を付けて競う円盤投げ競技！

フリスビーキャッチ

フリスビーを飛ばしてキャッチする。何回できるかを競う！

フリスビー的当て

大きさの違うペットボトルなどに点数をはり、フリスビーを当てて競う！

おまけ
ミニブーメラン

ミニでも、しっかり戻ってくるよ！

遊び方 手のひらの先にブーメランを乗せて斜め上に向け、もう片方の指で角を弾いて飛ばすよ！

用意するもの
【材料】工作用紙（4×4cm）
【用具】ハサミ、油性ペン

作り方
工作用紙を図のように切り、好きな色を塗る。

カンタン！製作おもちゃ

89

カンタン！製作おもちゃ
割りばしでっぽう

超カンタン ▬▬▬▬ カンタン

先端の溝と真ん中の割りばしに輪ゴムを掛けて引き金を引く。

遊び方
いろいろな種類の的に当てて遊ぼう！

作り方

1. 割りばし1本を、ハサミで3等分に切る。

2. 切った1本を、長いままの1本と重ねて輪ゴムで巻き、中央までずらす。

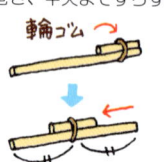

3. 切った残りの2本を輪ゴムで留めてV字に開く。

4. V字にしたものを❷に重ねて輪ゴムを巻いて留める。

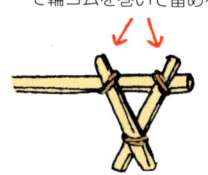

5. てっぽうの先端をハサミで挟んで溝（輪ゴムを引っ掛ける）を作る。

模様を付けて、でき上がり。

子どもがワクワクする工夫
- 決して人に向けないように注意徹底。的(当たれば倒れるなど変化する的)をセットで作ろう。
- 割りばしでっぽう製作をきっかけに、ベルトやバッジも作って、「正義の勇者になりきりグッズ」なども製作して遊びが発展するとおもしろい！

用意するもの
【材料】割りばし…1ぜん、輪ゴム
【用具】ハサミ、油性ペン

遊びが広がるバリエーション

もっと遊ぼう！ シューティング対戦

遊び方 ペットボトルや厚紙で的を作ってシューティング遊びをしよう！ 得点表を作ってチーム対戦しても楽しいよ！

ナルホド ヒント！ 的は、輪ゴムが当たったら倒れやすいようにしておく。

おまけ ボトルホルダー&的

腰に掛けたり、的にも使えたりする！

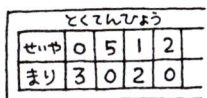

dekita!

とくてんひょう				
せいや	0	5	1	2
まり	3	0	2	0

ペットボトルを切る。この部分は残す。

切り口には、ビニールテープをはる。

2か所穴をあけて、ひもを通す。

油性ペンや色画用紙で模様を付ける。

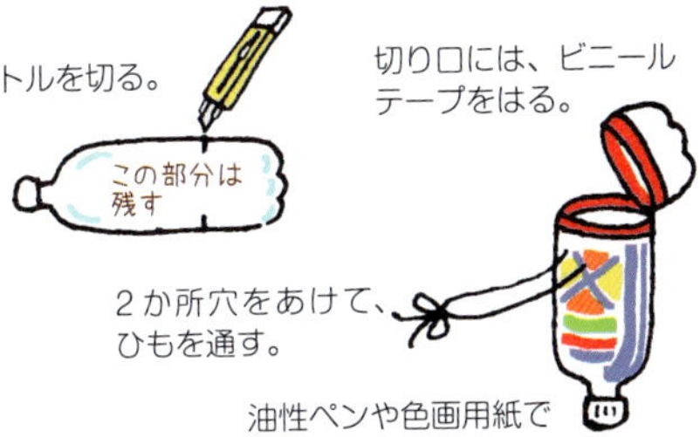

用意するもの
- 【材料】ペットボトル（500mℓ）、ひも、色画用紙
- 【用具】カッターナイフ、ビニールテープ、油性ペン

おまけ 紙でっぽう

手首を使って鳴らそう！

遊び方 紙でっぽうの端を持って、思いっ切り振り下ろすと、"パァ～ン!"と音がするよ！

用意するもの
【材料】A3サイズの用紙

dekita!

1. 紙の長いほうを二つ折りにして開く。 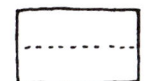
2. 四隅の角を、中心線（①の折り目）に向かって折る。 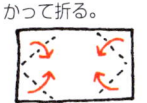
3. 中心線で二つに折る。 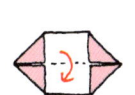
4. 縦に二つに折る。 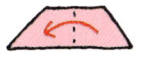
5. 一方を起こして中を広げ、四角にして押さえる（もう一方も同様にする）。 
6. できた四角形を半分に折るとでき上がり。

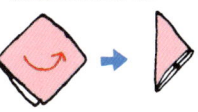

カンタン！製作おもちゃ

カンタン！製作おもちゃ
アニマルパラシュート

超カンタン ▬▬▬ カンタン

折る → 巻く

遊び方　上に向けて高く投げると、空中でパッと開いてフワフワ落ちてくる。コミカルなようすが楽しめるよ！

油粘土の重さは、ふんわり落ちるように調整。
デキル ポイント！

作り方

① レジ袋を斜めに折り、下部を切り落す。

② 袋をひっくり返してマチの部分を少し切り、耳を作る。
ここから空気を逃がす

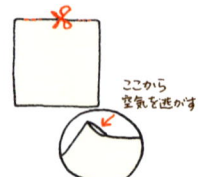

③ 縦に4つ畳んでスジをつけ、両サイドを三角に折って切り落とす。

④ 油性ペンで動物の顔などを描いてから、たこ糸を半分に切って両端を結び、セロハンテープで表裏2か所ずつ（計4か所）はる。

たこ糸を油粘土でまとめるとでき上がり。

子どもがワクワクする工夫
- レジ袋はできるだけ薄いものがよく開くよ！
- 畳んで巻くときは、緩めに巻くのがコツ。
- たこ糸の先を固結びにすると、外れにくい。
- 粘土の量は子どもに任せよう。フワフワと気持ちよく降りてくる重さの加減を、遊びを通じて探し出そう！

用意するもの
【材料】レジ袋（底辺が20cm以内の薄いタイプ）、たこ糸（袋の底辺の4倍の長さ）、油粘土（少量）
【用具】ハサミ、セロハンテープ、油性ペン（太）

遊びが広がるバリエーション

カンタン！製作おもちゃ

もっと遊ぼう！
着地ゲーム大会

遊び方
地面に円を描いて、アニマルパラシュートを投げて着地させるゲームです。2人1組で得点を競い合うなどして遊ぼう！

もっと遊ぼう！
うちわでパタパタ

遊び方
下からうちわであおいで、滞空時間を長くしてみよう！

ちょこっとアレンジ
三角パラシュート

袋を使って簡単にできるパラシュート第2弾！
落下のフワフワ感はどちらに軍配！？

用意するもの
【材料】ゴミ用ポリ袋（厚さ0.025mm以下のもの）、たこ糸（細）、油粘土（少量）
【用具】「アニマルパラシュート」同様。

1 ポリ袋の角を底から、図の25cm四角に切る。

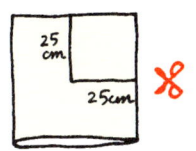

2 つながっている2辺を上にして半分に折り、さらに図のように半分に折って、下に出た三角の部分を切り取る。

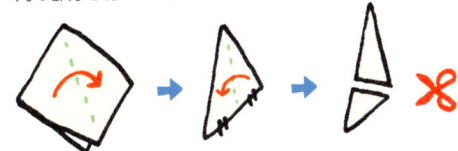

3 袋を広げて裏返し、油性ペンで顔を描き、底辺の角（表裏各4か所）にたこ糸（1/2にしておく）をセロハンテープではる。

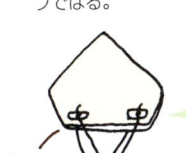

糸を油粘土でまとめるとでき上がり。

ナルホド ヒント！
たこ糸の先を結んで、セロハンテープをはっておいてからポリ袋にはると、うまくはれる。

セロハンテープ
たこ糸を1/2にしてかさに取り付ける

カンタン！製作おもちゃ
傘袋ロケット

超カンタン ■■■■■ カンタン

空気の量が足りないときは、傘袋をセロハンテープで引っ張って留める。
デキル ポイント！

遊び方
親指とひとさし指の間に輪ゴムを引っ掛け、もう片方の手で傘袋を後ろへ引っ張って手を離すと、"ヒュンッ！"と飛んでいくよ！

作り方

① 傘袋に空気を入れて袋の先をねじる。 ねじる

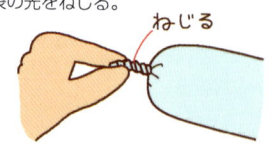

② ねじった先に輪ゴムを通し、2つに折り畳んだ後、強く巻いて留める。

③ ビニールテープ（約10㎝）のまん中に輪ゴムを通す。
輪ゴム / 2㎝ / 3㎝ / 3㎝

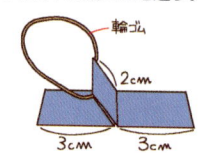

④ ③を傘袋に留め、油性ペンで模様を描いたり、飾りを付けると上がり。
dekita! / 5㎝

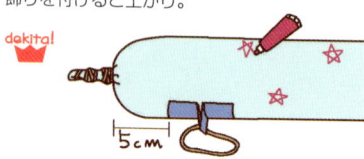

子どもがワクワクする工夫
- 傘袋から空気がもれたときにすぐ交換できるよう、予備は必ず用意。
- 親指にうまく掛からないときは、洗濯バサミを反対にして、柄に引っ掛けて飛ばすとうまくいくよ！
洗濯バサミ

用意するもの
【材料】傘袋、輪ゴム、スズランテープ、折り紙
【用具】セロハンテープ、ハサミ、油性ペン、ビニールテープ

遊びが広がるバリエーション

ちょこっとアレンジ
ハイテク傘袋ロケット

パワー噴射や羽根を付けてパワーアップした、最新型のロケットにしよう！

【用意するもの】
【材料】「傘袋ロケット」＋輪ゴム（太）、スズランテープ、折り紙
【用具】「傘袋ロケット」と同様。

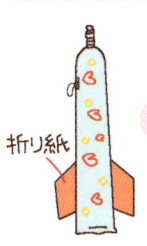

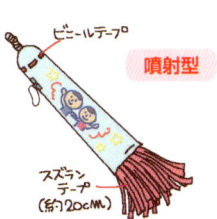

羽根付き型 — 折り紙

噴射型 — ビニールテープ、スズランテープ（約20cm）

パワフル型 — 太い輪ゴム

カンタン！製作おもちゃ

もっと遊ぼう！
飛距離コンテスト

遊び方
だれがいちばん遠くまで飛ばせるかな？

もっと遊ぼう！
ロケット的当てゲーム

遊び方
机に、大小の空のペットボトルを並べて的にしよう！

💡 **ナルホド ヒント！** 点数を付けて競うと、数への興味が広がるよ！

もっと遊ぼう！
輪くぐりワープ！

遊び方
大小のフープや新聞紙をねじって作った輪を狙って飛ばそう！　輪の大きさを変えたり、通過した数を競ったりすると、難易度も自由に調整できておもしろいよ！

カンタン！製作おもちゃ
ポヨヨンロケット

超カンタン ▬▬▬ カンタン

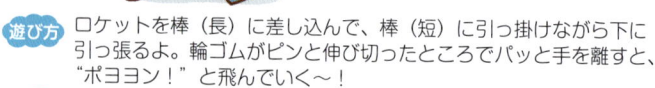

遊び方 ロケットを棒（長）に差し込んで、棒（短）に引っ掛けながら下に引っ張るよ。輪ゴムがピンと伸び切ったところでパッと手を離すと、"ポヨヨン！"と飛んでいく〜！

作り方

1. トイレットペーパーの芯に絵を描いたり、折り紙で模様をはったり、翼をはったりする。

2. 広告チラシを使って、図のように巻いて2本の棒（長・短）を作る。
★最後をビニールテープなどで巻いて留める。

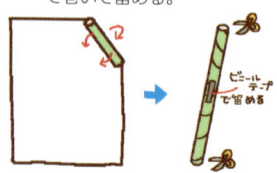

3. 2の棒（短）は、真ん中のビニールテープの部分に輪ゴムを付ける。

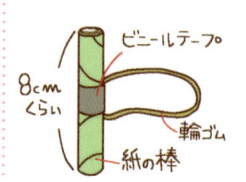

4. 3の棒（短）を、棒（長）の上から10cmくらいの所に、図のようにビニールテープではり付けて留める。
★P.94の「傘袋ロケット」の輪ゴムの取り付けと同じ。

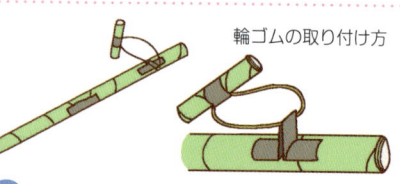

輪ゴムの取り付け方

子どもがワクワクする工夫
- 紙の棒でチャンバラ遊びにならないようルールを決めておこう。
- 紙の棒で目などを突かないように周囲（直径2m内）に人がいないか、確認してから遊ぶようにしよう！

用意するもの
【材料】トイレットペーパーの芯、輪ゴム、広告チラシ、折り紙
【用具】ビニールテープ、のり、水性ペン

遊びが広がるバリエーション

用意するもの
【素材】「ポヨヨンロケット」＋色画用紙、
【用具】「ポヨヨンロケット」同様

ちょこっとアレンジ
ポヨヨン号新型3機種

パワーもデザインもグレードアップ！

作り方 「ポヨヨンロケット」の **1** と同様にして基本の機体を作り、それぞれ模様を描く。

4枚尾翼ポヨヨン
折り紙で尾翼を追加して付ける。

シャトル型ポヨヨン
色画用紙で長い翼を作って付ける。

はやぶさ型ポヨヨン
色画用紙で横長の羽根を作り、垂直尾翼を1枚作って付ける。

★本体は色画用紙で筒型にして作る（直径はほかの型より小さく）。

もっと遊ぼう！
ポヨヨンロケット惑星探検

遊び方 模造紙で作った宇宙の惑星めがけてポヨヨンロケットを発射！　惑星に点数や名前を付けると、遊びがグンと楽しくなるよ！

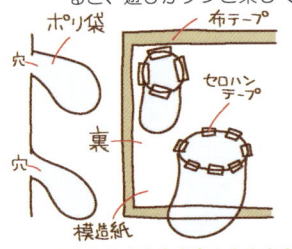

もっと遊ぼう！
ポヨヨンロケット月面着陸

遊び方 地面や床に大きな円を描いて月に見たて、ロケットを飛ばして着陸させよう！

遊び1　中心ほど高得点にする。

遊び2　いろいろなクレーターを作って、点数を付ける。

カンタン！製作おもちゃ

カンタン！製作おもちゃ

紙パック迷路

超カンタン ▮▮▮▮▮▮▯ カンタン

遊び方

紙パックを動かしながら、ビー玉をスタートからゴールまで転がそう！ うまくゴールインできるようになったら、コースを変えて遊ぼう！

作り方

① 紙パックを横半分に切り、そそぎ口をそれぞれホッチキスで留めて連結させる。

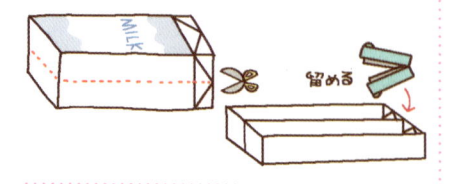

② ①の両端を布テープで留めた後、内側の連結部分を図のように幅2cmほど切り取り、ビー玉が通る道を作る。
★スタートとゴールのコーナーも作っておく。

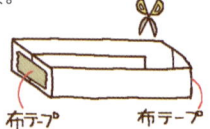

③ 曲がるストローに両面テープを付けて可変パーツを作り、紙パックの中に迷路を作る。

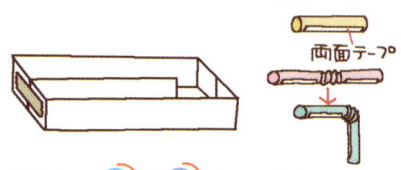

箱を飾ってもOK！

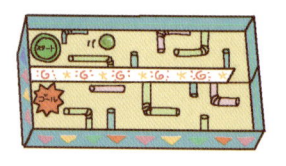

子どもがワクワクする工夫

迷路は年中児～年長児の大好きな遊び。コースを変えたり、ピョンと跳び越える3D迷路を作ったり、友達の迷路と合体させたりして難易度を変える工夫をしたりすると長く遊べるよ。

用意するもの

【材料】 牛乳パック、曲がるストロー（6mm）、ビー玉
【用具】 ハサミ、ホッチキス、水性ペン、両面テープ、布テープ

遊びが広がるバリエーション

カンタン！製作おもちゃ

ちょこっとアレンジ
可変式箱迷路

迷路のしかけがおもしろい！
ゴールへの道は自由自在！

用意するもの
- 【素材】空き箱、段ボール片…2～3枚、ビー玉、折り紙
- 【用具】ハサミ、木工用接着剤、折り紙、水性ペン

作り方

1. 箱の中に、段ボール（1～3枚）で間じきりを作り、木工用接着剤で固定する。

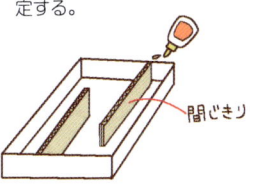

2. 1の間じきり段ボールに差し込むほうのしきりは、真ん中にスリットを入れて作る。

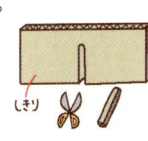

3. 1のしきりに好きな絵や模様を描いて、2の間じきりのいろいろな位置に差し込むとでき上がり。

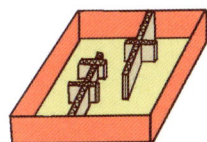

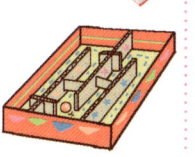

遊び方
箱を傾けたり、ジャンプさせたりしながらゴールイン！
途中の道に、巻いて接着剤で留めた段ボールや、両面テープで留めて作ったハードルを置いてもおもしろい！

おまけ
同じ色のビー玉を、右と左に分けっこしよう！
シャカシャカ分けっこ

用意するもの
- 【素材】ペットボトル（500㎖）…2本、ビー玉（同じ大きさで2色）
- 【用具】ビニールテープ、

作り方

1. ペットボトルにビー玉2色を同数ずつ入れ、図のように、2個のペットボトルの飲み口同士を合わせてビニールテープでしっかり留める。

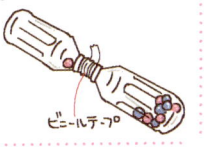

2. ペットボトルに好きな模様を描く。

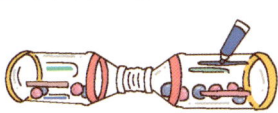

99

カンタン！製作おもちゃ

レーシングカー

超カンタン ▬▬▬▬▬▬▬▬ カンタン

遊び方

車が安定してよく走る車輪のしくみになっているよ。カッコイイ車体を作ってレーシングカー遊びをしよう！

作り方

●車体の作り方

1. 牛乳パックを図のように切り開き、好きな車体の形を考えながら切り込みを入れる。

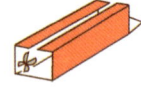

2. セロハンテープやホッチキスを使って車体を組み立てる。
   ★中に使用済みの電池をセロハンテープではり付けておくと遠くまでよく走る。

3. 好きな模様を描いたりはったりする。

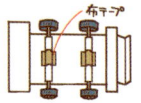

パワーアップ車輪の作り方

車輪の作り方①の後、キャップに紙粘土を押し込み、ふたをするようにして車輪を作る。

走行距離がのびる！

●車輪の作り方

1. ペットボトルキャップにキリで穴をあけ、竹ぐしを差し込む。
   ★穴は、きつい目がよい。

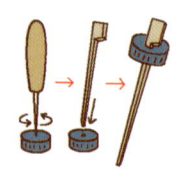

2. 竹ぐしに、車体の幅に切ったストローを通し、もう１つの車輪に穴をあけ、竹ぐしを差し込む（２セット作る）。
   ★竹ぐしは車輪よりも少し出して、布テープで留めておくと外れにくい。

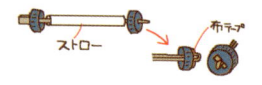

●車体の底に車輪を取り付けるとでき上がり。

子どもがワクワクする工夫

- 車をうまく動かすには車輪をじょうぶに作ることが大切。
- 四角形の竹ぐしを使うと、車輪がしっかり留まる。

用意するもの

【材料】牛乳パック、竹ぐし、ペットボトルキャップ、輪ゴム、紙粘土

【用具】ハサミ、ホッチキス、セロハンテープ、布テープ、キリ、油性ペン

遊びが広がるバリエーション

カンタン！製作おもちゃ

もっと遊ぼう！
GO! GO! サーキットレース

遊び方 斜面コース、直線コースなど、いろいろなサーキットコースを作ってレースをしよう！ カッコイイ車体の優勝者をみんなで決めてもいいね！

ちょこっとアレンジ
メガタイヤ、オフロードカー

用意するもの
- 【材料】「レーシングカー」＋ペットボトル ＋片段ボール
- 【用具】「レーシングカー」＋両面テープ

車輪の基礎は同じ。片段ボールのエッジが利いて坂道も力強く走るよ！

タイヤの周りに、両面テープを付けた片段ボールを巻き付ける。

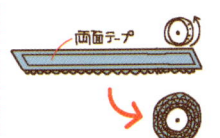

車体は、ペットボトルのほか、牛乳パックや空き箱を使って、ボックスタイプなど、好きな形を作ってもOK。

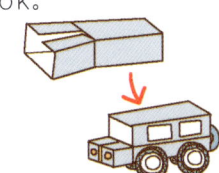

ちょこっとアレンジ
ジョイントカー（貨物）

ストローの曲がる部分を利用してジョイント。何台も連結できるよ！

車体は牛乳パックの底や飲み口の部分を使って箱型のものを作り、車輪も付ける。

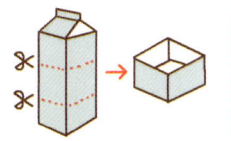

ジョイント部分は図のように、前のまっすぐのタイプと後ろのUの字型のタイプに作る。

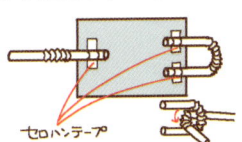

→ セロハンテープ

用意するもの
- 【材料】「レーシングカー」＋ 曲がるストロー
- 【用具】「レーシングカー」と同じ

101

カンタン！製作おもちゃ
空き箱マリオネット

超カンタン ▬▬▬▬▬ カンタン

遊び方 割りばしで作った操作棒の中央を手で持って、左右に揺らせながら遊ぼう！

マリオネットを生き生き動かすコツ
地面に少し足が触れるようにして、前後または左右に体を動かすように操作しながら前に進ませると、生きているように動く。

作り方

1. ティッシュペーパーなどの空き箱に、紙コップをホッチキスで取り付け、イヌの顔を描く。

2. 細長く切った折り紙（4本）にそれぞれキャップをはり付け（脚になる）本体にも付ける。しっぽも作ってはる。

3. 割りばし1本を半分に折ったものを、もう1本の割りばしにモールで図のようにくくって固定し、イヌの本体とつなげる。

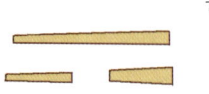

でき上がり
- モール
- たこ糸
- セロハンテープ
- 折り紙
- ペットボトルのキャップ

子どもがワクワクする工夫
- 模造紙などで、好きな劇場の枠を作ってお互いに見せ合ったり、年少児などに考えた劇を公開する機会を設けると、ワクワク感が高まります。
- お椀型の生き物なら糸は1本で動かすこともできるよ！

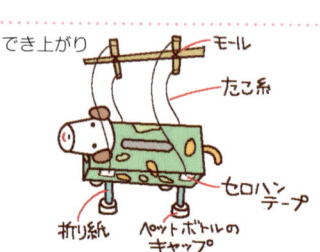

用意するもの
【材料】ペットボトルキャップ…4個、割りばし…1ぜん、モール、ティッシュペーパーの空き箱、紙コップ、折り紙、たこ糸

【用具】ハサミ、ホッチキス、セロハンテープ、油性ペン

遊びが広がるバリエーション

ちょこっとアレンジ
マリオネットエトセトラ

ティッシュの箱を横にしたり、紙コップの方向を変えるだけで、ほかの動物に変身するよ！

用意するもの
【材料】【用具】「空き箱マリオネット」と同じ

空き箱マリオネット・ロバ

作り方
図のように。胴体の空き箱は横に、顔の紙コップは、飲み口を上に向けて付ける。
★糸は2本でできる。

空き缶マリオネット・ネコ

用意するもの
【材料】空き缶、紙皿（15cm）、ひも、割りばし、折り紙
【用具】ハサミ、セロハンテープ、たこ糸、水性ペン

作り方
1. 紙皿にネコの顔を描いて、ハサミで切り取る。
2. 1を空き缶にはり付け、足やしっぽを付ける。
3. ひもを付けた割りばしを胴体の空き缶に付け、油性ペンで模様を描くとでき上がり。

空き箱マリオネット・ニワトリ

作り方
1. 色画用紙にニワトリの形を描いて（2枚）切り取り、足を付けたり絵を描く。 
2. おかしの空き箱を間に挟んで接着する。 
3. 割りばし1本を図のようにしてモールでくくり、2本のたこ糸でつないで箱に付ける。

用意するもの
【材料】おかしの空き箱、色画用紙、割りばし、たこ糸、モール
【用具】ハサミ、ホッチキス、セロハンテープ、水性ペン

もっと遊ぼう！
マリオネット劇場 ブレーメンの音楽隊

遊び方
製作したキャラクター全員集合で、おなじみのお話の人形劇をやってみよう！ ロバの上にはイヌが、イヌの上にはネコが、ネコの上にはニワトリが〜！

カンタン！製作おもちゃ

もっとダイナミックに！
おそとで遊ぼう！

どろんこレストラン

土と水とで、おいしい料理を作るレストランだよ。
水の量を加減してどろんこの固さを調節しよう！
コックさんになってオリジナルメニューにも挑戦してね！

バケツの土に
さあ、なにをつくろうかな？

シャリシャリ
2杯
水を混ぜるよ！

グニュグニュ
4杯
水を混ぜるよ！

トロトロ
6杯
水を混ぜるよ！

ビチャビチャ
10杯
水を混ぜるよ！

用意するもの
【材料】土、水、盛り付け用（紙皿、プラスチック容器、プラスチックコップ　など）、
　　　　トッピング用（木の実、葉っぱ、花、小石、小枝、貝殻　など）
【用具】バケツ（2.6ℓ容量）、コップ（100mℓ）、スコップ、ヘラ、型抜き容器

おそとで遊ぼう！

ケーキや
だんごを
作ろう！

お好み焼きと
おすしだよ！

カレーライスと
シチュウ、
おいしそうでしょ！

まぜまぜ

ジュース、
フローズンに
したよ！

105

もっとダイナミックに！
おそとで遊ぼう！ ツルピカだんご

土なのにツルツルピカピカ!? 持つとヒンヤリ気持ちいい！ 光る不思議なだんごを作ってみよう！

作り方

まずは、ツルツルだんごづくり

1 泥をギュッと絞って、水を出していく。

2 だんごを丸く、固くしていく。

土がつかなくなるまで❸を繰り返してね！

3 乾いたサラサラの土を振りかけた後、手の上で転がして、表面をツルツルにしていく。

ツルツルだんごできた！

次は、ツルピカだんごづくり

4 乾いた細い土を手に付けて軽くはたき、はたいても手に付いてくる粉をだんごに薄く何度もつけながら、コロコロ転がす。

おそとで遊ぼう！

ツルピカだんご、作り方のポイント

1 粘土質の土がポイント

このだんごには粘土質の土が適している。砂場の砂では作れない。
雨降り後の水たまりが乾き始めたころにできる粘土質の土（表面がぬるっと光っている）を見つけて、その土で作る。
最後にだんごを光らせるための決め手となる"粉"もこの粘土質の土を使う。乾燥させて木づちなどで細く砕き、ふるいでふるって作る。

2 下地作りはできるだけ滑らかに

だんごが光るためには、1の粘土質の土の"粉"をかける前に、できるだけ滑らかな泥だんご（ツルツル泥だんご）を作ることがポイント。
乾いたサラサラの土をふりかけては手の上で転がして、を繰り返して作る。この作業をきちんとていねいにすることが、光り方のようすを決める。

3 し上げは、粘土の粉を薄くかけてこすって、を繰り返す

ツルツル泥だんごができたら、1の"粉"をごく薄くかけてはこすり、を繰り返す。一度にたくさんの粉をかけると、だんごの内側の水分が吸収され、表面にヒビが入ってしまうので注意。
色付きのだんごを作るには、表面に泥絵の具（または岩絵の具）や備前土の粉等をまぶす。

4 表面を磨くタイミングと磨き方

ビニール袋に入れて寝かせた後、袋の内側が水滴でくもってきたらだんごを取り出し表面を観察。再び表面が乾燥し始めたころを見計らって、ジャージの生地で表面を伸ばすように、最初は優しく、表面の粘土が取れなければ、少しずつ力を入れてこする。順調なら15分程度でツルピカだんごの完成。

5

ビニール袋に入れて1時間ほど寝かした後、少ししてから優しく磨く。

ツルピカだんごできたよ〜！

もっとダイナミックに！おそとで遊ぼう！ シャボン玉マシーン

シャボン玉遊びの最強バブルマシーン登場！

ペットボトル式 ① シングルバブル

切ったペットボトルだけで手軽にできるシャボン玉マシーン。吹くときは、ボトルの切り口を口元にピタッと当てて、息をもらさないようにするのがコツ。

作り方

ペットボトルを底から5cmの所で切り分ける（切り口はビニールテープで保護）。
★上はバブルマシーンに、下はシャボン玉液入れに。

用意するもの

【材料】ペットボトル（500ml）、ビニールテープ、シャボン玉液
【用具】ハサミ

- 500mlのペットボトル
- 約5cm
- 切る
- 切り口にビニールテープを巻く
- 根元にモールを1周巻く（液がし防止用）
- シャボン玉液を入れる

シャボン玉遊びの注意点

- 作ったシャボン玉液は、1回で使い切るようにする。
- 誤って飲み込んだ場合は、すぐにうがいをし、大量の水を飲ませるようにする。
- 目に入った場合は、こすらずに流水で洗い、乾いたタオルで押さえるようにしてふく。

シャボン玉液の作り方

基本タイプ

用意するもの

【材料】台所用洗剤、水

洗剤1に対し、水5〜20の割合で混ぜ合わせる。

1：5〜20

★洗剤の種類によって水の分量が違うので、事前に教材研究をしておこう。

スペシャルシャボン玉液

大きいシャボン玉を作りたいとき

用意するもの

【材料】台所用洗剤、水、合成洗濯のり（PVA表示のあるもの）

洗剤・水・洗濯のりを1：6：3くらいの割合で、泡を立てないように静かに混ぜ合わせる。

1：6：3

★PVA表示のある洗濯のりを使うと割れにくいシャボン玉が作れるが、車などに付くと汚れることがあるので気をつけよう。

108

ペットボトル式❷ フラワーバブル

「シングルバブル」に複数のストローを組み合わせると、細いシャボン玉がお花が咲いたみたいにつながって出てくるよ！

作り方
「シングルバブル」と同様、上下切り分けたペットボトルのバブルマシーン側に、図のような要領で束にしたストローを押し込む。

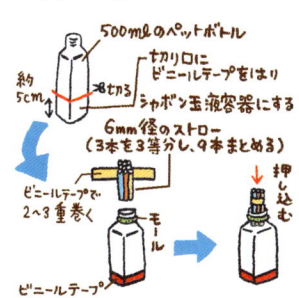

用意するもの
【材料】ペットボトル（500ml）、ビニールテープ、ストロー（6mm）…3本、モール、シャボン玉液
【用具】ハサミ

ペットボトル式❸ ニョロニョロバブル

ストッキングを組み合わせると…、ニョロニョロとつながったヘビのようなシャボン玉が！　どこまで伸ばせるかチャレンジしよう！

作り方
「シングルバブル」と同様、上下切り分けたペットボトルのバブルマシーン側に、ストッキングの生地をかぶせて輪ゴムで留める。

用意するもの
【材料】ペットボトル（500ml）、ビニールテープ、ストッキング生地（5cm四方）…3枚、輪ゴム、シャボン玉液
【用具】ハサミ

スライド式 ビッグバブル

液を付けたら"シャキン！"とスライドセットしよう！
ビッグなシャボン玉が"ボワワ〜ン！"と出てくるよ！

作り方
曲がるストロー3本と毛糸を使って、図のような要領でつないでセットする。

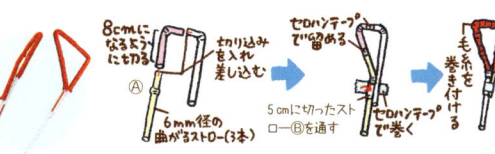

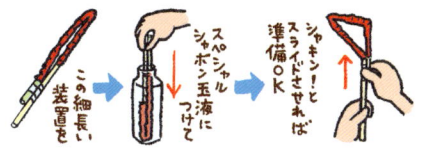

用意するもの
【材料】曲がるストローA（6mm）…3本、ストローB（8〜10mm）、ビニールテープ、セロハンテープ、毛糸、スペシャルシャボン玉液
【用具】ハサミ

おそとで遊ぼう！

109

もっとダイナミックに！おそとで遊ぼう！

ペットボトル de お絵描き

とっても簡単な水シャワーボトルを作って、お外でいっぱい絵を描こう！

取っ手付き ボトルシャワー

作り方

●ボトル本体

ペットボトルに好きな絵を描いて、２か所に針金を巻いて（溝を利用）取っ手を付ける。
★空気穴をあけておく。

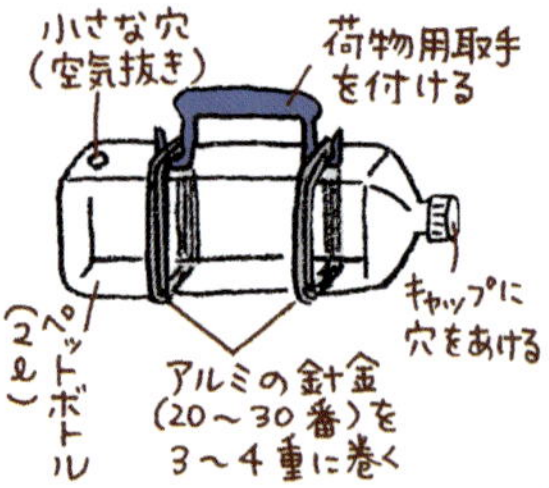

- 小さな穴（空気抜き）
- 荷物用取手を付ける
- ペットボトル
- アルミの針金（20〜30番）を3〜4重に巻く
- キャップに穴をあける

●出水口

いろいろなタイプの穴のものを用意すると楽しいよ！

シャワー 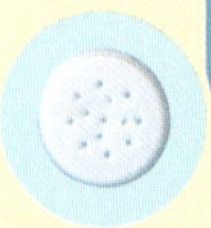 
水やりや、体にかけて楽しむ遊びに。

ファイブ  
地面に大きな絵を描くときなどに。

シングル 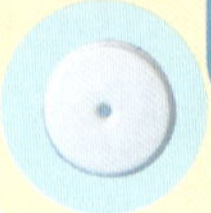 
水車を回すときに。

用意するもの

【材料】ペットボトル（角型）…１本、針金（20〜30番）、荷物用取手
【用具】ペンチ、キリ、油性ペン

水車de遊ぼう！

基本形 シングル水車

クルクル回る水車はおもしろいよ！ シングル、ダブル、トリプルと水車を積み上げて遊んでみよう！

作り方

●ボトル本体

1. ペットボトルを肩の部分で上下に切り分け（双方の切り口をビニールテープで保護）、上はじょうごのように逆さまして下に重ねる。

   切る／ビニールテープを巻く／ペットボトル（2ℓ）

2. 下のボトルは、図のような位置に水車を通す穴を2か所（対面で）あける。

   キャップに穴を1つあける／中心から1cmずらした位置に十字に切り込み穴をあける（反対も同じ）／12cm／8cm／水抜き穴

   ボトル本体に水車を取り付けるとでき上がり。

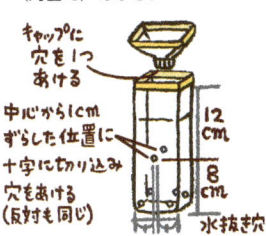

●水車

牛乳パックを図のように切って輪っかを作り、折り込んで羽根にし、軸になるストローを通す。

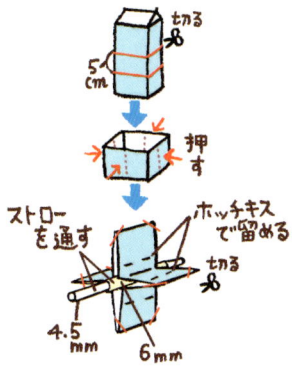

切る／5cm／押す／ストローを通す／ホッチキスで留める／切る／4.5mm／6mm

カートリッジ式 シングル水車

「基本形シングル水車」に水容器として「取手付きボトルシャワー」を重ねる。

カートリッジ式 ダブル水車

「基本形シングル水車」を2つ重ね、水容器として「取っ手付きボトルシャワー」を重ねる。

まわってる〜

用意するもの

【材料】ペットボトル（2000㎖・角型）…1本、牛乳パック、ストロー（6mm・4.5mm）…各1本
【用具】ハサミ、ビニールテープ、キリ、油性ペン

おそとで遊ぼう！

もっとダイナミックに！
おみせやさんごっこ　フワフワケーキ

スポンジの形を工夫すると、ホールやショート、ロールケーキが作れるよ！　クリームを絞ってトッピングしてね！

作り方

1 スポンジを好きな形に切り、紙皿にはる。

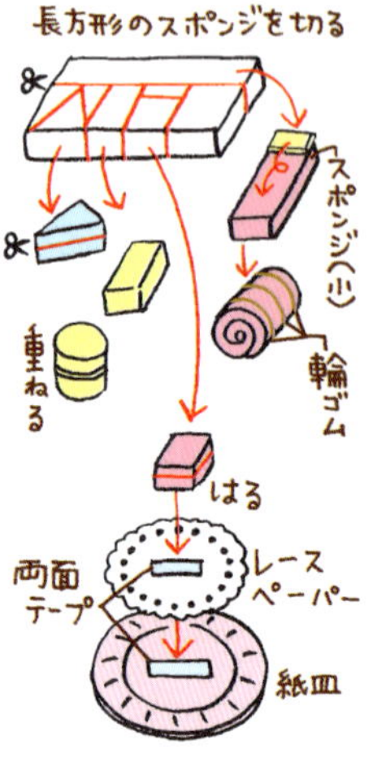

長方形のスポンジを切る

スポンジ（小）/輪ゴム/重ねる/はる/両面テープ/レースペーパー/紙皿

2 石けんクリームを作る。

レモン石けん

レモン石けん1/2に対し水（約40cc）を2〜3回くらいに分けて入れ、できるだけ勢いよく泡立たせる。クリームチーズのような固い泡になればOK。

3 石けんクリームを絞ったり、いろいろトッピングしてデコレーションする。

用意するもの
【材料】台所用スポンジ、紙皿、トッピング用（ビー玉、スパンコール、折り紙、モール、レモン石けんまたは石けん）、水（お湯がベスト）
【用具】チーズけずり、ボウル、泡立て器、クリーム絞り

トロピカルパフェ

ゼリーの透明感が涼しそう！ 盛り付けグラスを
いろいろ選んで、デコレーションを楽しもう！

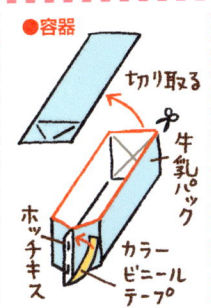

おみせやさんごっこ

作り方

●パフェ
- 油性ペンで描く
- ビーズ
- 色画用紙
- 段ボール
- 丸めた色紙
- 石けんクリーム
- ビー玉
- 植物用ゼリー

●容器
- 切り取る
- 牛乳パック
- ホッチキス
- カラービニールテープ

●スコップ
- ホッチキス
- 紙コップ
- カラービニールテープ
- 折る
- ホッチキス

子どもがワクワクする工夫　お店屋さんを盛り上げる

- 並べているお菓子を半完成の状態にして、最後の完成は、お客とのコミュニケーションをもとにその場で製作する（例：トッピング、盛り付けなど）。
- お菓子には名前や値段を付ける。
- お金は最初は、紙の色や大小、絵などで区別するが、数がわかるようになれば、おもちゃの紙幣を作る。
- ★戸外では葉っぱやどんぐり、小石などもお金に変身。
- 商品を入れるバッグやサイフなど、子どもの盛り上がるようすに合わせて環境の見通しをたてる。
- 商品台は高さ50〜60cm、奥行き50cmくらいが適当。
- ★商品台をはさんで商品とお金のやり取りがスムーズにできるよう環境を整える。
- 商品カードやPOP、お店のマーク、看板、包装紙など、子どもの想像力を広げていく工夫をする。

用意するもの

【材料】植物用ゼリー（100円ショップで購入可）、油粘土（白）、トッピング用（ビー玉、おはじき、スパンコール、折り紙、モール、段ボール、色画用紙、石けんクリーム〈左ページ応用〉）、盛り付け用（牛乳パック、グラスいろいろ）、紙コップ

【用具】「フワフワケーキ」と同様

113

焼き焼きピザ

もっとダイナミックに！
おみせやさんごっこ

オーブンで焼いてリアルアツアツ！ みんなの大好きなピザのでき上がり。さぁ、たくさん買いに来てね！

作り方

●ピザの生地を作る

1. ボウルで小麦粉と塩を混ぜ、水を少しずつ入れてよく練り粘土状にする。
   ★水を入れすぎないように少しずつ軟らかくしていく。

2. 生地用と具材用に取り分けて、生地用を丸めて伸ばす。
   ★直径約10cm、厚さ5mmの生地にする。

●具材を作る

1. 具材を取り分けたに少量の食紅（または絵の具）を入れて薄く伸ばし、ハサミで切ったり型を抜いたりして、いろいろな具材を作る。

●ソースを塗り、具を乗せる

1. でんぷんのりに少量の食紅（または絵の具）を混ぜ、ソースを作る。

2. ソースをスプーンで塗り、具材を乗せる。

●オーブントースターで焼く

焦げ目が付くくらいに焼いたらでき上がり。

半生にすると、ピザカッターやプラスチックの子ども用包丁でも切り分けることができるよ！
ナルホド ヒント！

ポイント！
- 素材の量と割合確認。
- 塩は、誤飲防止、防腐剤などとして使用。
- サラダ油を大さじ1杯ほど入れると、手に付きにくくなる。

用意するもの
【材料】小麦粉…100g、塩…50g、水…60cc、でんぷんのり、食紅または絵の具、紙皿、アルミホイル
【用具】ボウル、ハサミ、オーブントースター

焼き焼きクッキー

長いの、丸いの、渦巻き…いろいろ。
どれもどんぐりのトッピングがアクセントに！
サクサク感満載でホンモノみたい！

おみせやさんごっこ

作り方

1. ボウルで小麦粉と塩とサラダ油、水を少しずつ入れながらよく練る。

2. 厚さ5mm、大きさ10cm以内を目安にお菓子を作り、どんぐりをトッピングする。

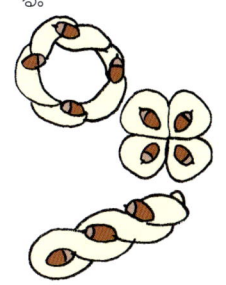

3. オーブントースターで、焦げ目が付くくらいにしっかり焼けばでき上がり。

ナルホド ヒント！
生地と具材に分け、食紅や絵の具を使っておいしそうに色付けする。

用意するもの
- 【材料】割れどんぐり（破裂防止）、小麦粉（薄力粉）…100ｇ、塩…50ｇ、水…60cc、サラダ油…適量、食紅または絵の具、紙皿、レースペーパー
- 【用具】ボウル、オーブントースター

115

もっとダイナミックに！
おみせやさんごっこ　ジュースやさん

ジュース屋さんは大忙し！ ストレートでもブレンドでも、お客さんの好みに合わせて、いつでも新鮮なジュースがスグできる！　便利なジュースチップが人気の秘密！

作り方

1. トレーに食紅または絵の具を出し、水を少量入れて、濃い色水を作る。

2. ペーパータオルに色水を染み込ませ、天日で乾燥する。

デキル ポイント！ 色水は、できるだけ濃いものを作るのがコツ！

3. 乾いたら1cm角に切り、ビンに入れて保存する。

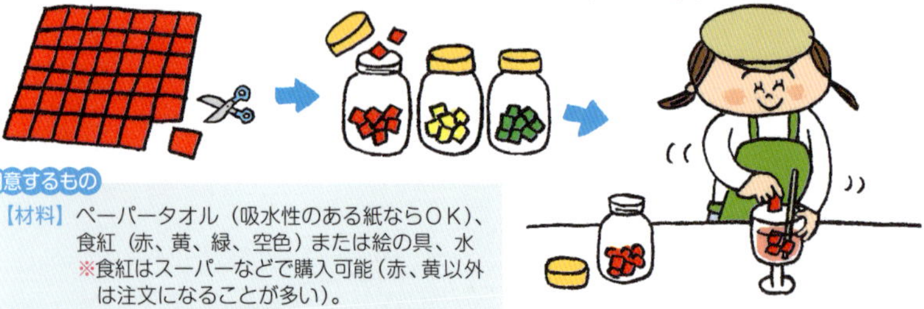

用意するもの
【材料】ペーパータオル（吸水性のある紙ならOK）、食紅（赤、黄、緑、空色）または絵の具、水
※食紅はスーパーなどで購入可能（赤、黄以外は注文になることが多い）。
【用具】ハサミ、トレー、透明コップ、かきまぜ棒

ジャムやさん

イチゴにオレンジ、ブルーベリー…、ジャムをいろいろ用意！ パンに塗ってジャムサンドもどうぞ！ ジュースといっしょにかが？

おみせやさんごっこ

作り方

●ジャム
トレーの中で、洗濯のりと絵の具を入れてよくかき混ぜ、保存容器に入れればでき上がり。

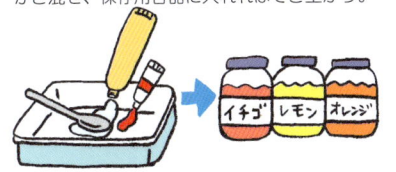

いろんな色のジャムを作ろう！

●パン
段ボールを正方形に切って、食パンに見立てる。

用意するもの
【材料】えのぐ、洗濯のり（でんぷんのり）、水、段ボール
【用具】スプーン、トレー、保存容器（ふたの閉まるもの）、ハサミ

色水実験研究所ごっこ

遊び方 どの色とどの色のチップを混ぜると何色になるか？ 量や種類を変えて、できる色水の実験をしよう！
できた色水を参考にして、ジュース屋さんのメニューを作っても楽しいよ！

赤 ＋ 黄 → オレンジ色（オレンジジュース）
赤 ＋ 青 → 紫色（グレープジュース）
青 ＋ 黄 → 黄緑色（キウイジュース）

117

もっとダイナミックに！
おみせやさんごっこ
ワイワイつり堀

いろいろな魚や釣りざおを作って魚釣り遊びをしよう！ 水をはったタライに魚を浮かばせても楽しいよ！ 釣り堀屋さんは大盛況！

しかけいろいろ

魚側
釣りやすいように、引っ掛ける部分を上に向けて魚にはるのがポイント。

結束バンド 輪の大きさを変えれば、難易度の調節可。

ツイストタイ テープでそのまま魚にはるだけ。

モール 結束バンド同様、輪の大小で難易度の調整可。

ゼムクリップ 曲げて直角に広げてはり付ける。

ラッピングワイヤー 針金が中に入っているので磁石にくっつく。

ゼムクリップ テープでそのまま魚にはるだけ。

つりざお側

引っ掛けるタイプ

フック 2個で糸を挟みはり合わせる。重みがあり、釣りやすい。

ツイストタイ コードを束ねるためのもの。切るだけで本物のように。

くっつけるタイプ

強力磁石 くっつくことで簡単に釣れる。

つりざおいろいろ
さおの部分や糸が短いほど、簡単に釣ることができる。

竹ひご
割りばし
曲がるストロー（低年齢児向け）

用意するもの
【材料】それぞれの素材
【用具】ハサミ、セロハンテープ、油性ペン

おみせやさんごっこ

魚たちいろいろ

プチシートで
カラフルで
きれいな魚に。

油性ペンで着色した
プチプチシートを巻く
→ セロハンテープを巻く
（はる / セロハンテープ）

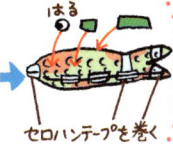

巻き方、切り方を
工夫してタコに。

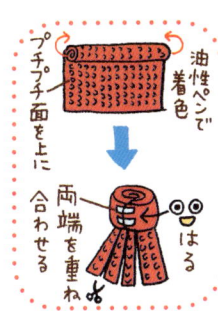

油性ペンで着色
プチプチ面を上に
→ 両端を重ね合わせる（はる）

傘袋で
軽いものを詰めて
長〜い魚。

フラワーペーパー／はる／モールを巻く
傘袋の両端を
セロハンテープで縛る

スチレン容器で
手足を付けてカメ！

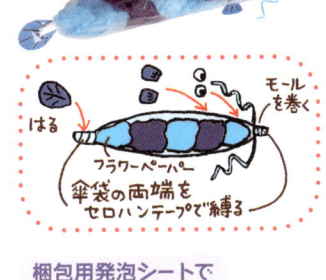

スチレン容器／自由に塗る／容器の裏にはる

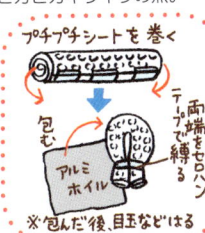

アルミホイルで
ピカピカキラキラの魚。

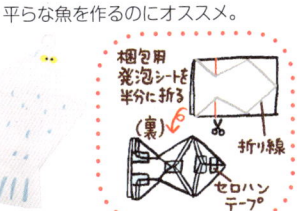

プチプチシートを巻く
→ 包む（アルミホイル）／両端をセロハンテープで縛る
※包んだ後、目玉などはる

梱包用発泡シートで
平らな魚を作るのにオススメ。

梱包用発泡シートを半分に折る／折り線／（裏）／セロハンテープ

キャンディ釣り
キャンディ釣りはいかが？ プチプチシートにフラワーペーパーを詰めて、ラッピングワイヤーで縛るよ！

お楽しみ袋釣り
折り紙やカードなどを入れた紙の袋を、ラッピングワイヤーで縛って…。何が入っているかは、釣ったときのお楽しみ！

119

楽しいイベント！
親子でいっしょに！
大工さん

トントン人形

いろいろな形の木片を組み合わせて、おもしろい人形を作って遊ぼう！

作り方

① いろいろな形の木片の組み合わせで作りたいものが決まったら、くぎを打ったり、接着剤で組み合わせたりして、人形などの形を作っていく。

② 形ができたら、油性ペンで絵や模様を描く。

注意

- くぎを打つときは、木片の下に、3〜4枚重ねた段ボールを敷く。
- 木片にくぎを打つときは、くぎの先が木片の反対側に出ないように注意する。
- くぎの先が木片から出たときは、くぎの先を金づちでたたいて、木片の中に入れてしまう。

別の木片の間にくぎの頭を挟んで固定する。

用意するもの

【材料】木片（ホームセンターや工務店などで入手。合板は不可）、くぎ（25mmまたは32mm）、くぎ抜き

【用具】油性ペン、木工用接着剤、金づち（両口げんのう）、油性ペン

丸太棒マリオネット

親子でいっしょに！

丸太の体と角材の手足でできるシンプルな人形。置いてもかわいいけれど、ひもでつるすと表情が出てもっとかわいい！

用意するもの
【材料】丸太（直径5〜6cm）、棒状の角材（厚さ10mm、幅20mmくらい）くぎ（25mm）、たこ糸または水糸、フェルト
※丸太、角材いずれもホームセンターで入手。

【用具】金づち（両口げんのう）、くぎ抜き、のこぎり、木工用接着剤、油性ペン、ハサミ、くぎ抜き（バール）

作り方

1. 丸太は、20〜30cmの長さに切り、棒状の板は10cmくらいに切る。

2. 丸太に、10cmの長さに切った板を打ち、手足などを作る。

3. 背にくぎを2本打ち、たこ糸を結んで操作棒を結び付ける。

4. フェルトや油性ペンで顔や模様を作る。

注意
- 金づちやのこぎりを使うときは、必ず大人が補助をする。
- がんじょうな机を使い、周囲をビニールテープなどで囲って（1.5m×1.5m）、その中で作業をする。

金づちとのこぎりのじょうずな使い方

金づちトントン（打ち方）
- 金づちは、両口げんのう（200gくらい）が使いやすい。
- くぎを持つ手にのみ軍手をする。
- 最初金づちはⒶの位置で持ち、片方でくぎを持ち、くぎの頭と金づちの面が平行になるように軽く打つ。
- くぎが木に入ったら、くぎを持つ手を離して、金づちはⒷの位置で持って少し強く打つ。
- 最後は、金づちの丸くなった面でくぎを打つ。
★くぎの長さは、25mmや32mmが使いやすい。

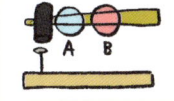

のこぎりギーコギコ（使い方）
- のこぎりは、片刃の刃の長さ250mm前後のものがよい。
- のこぎりを両手で持って、体の中心に構える。
- のこぎりの刃は切るものに対し、できるだけねかせて、引くときに少し力を入れて引く。

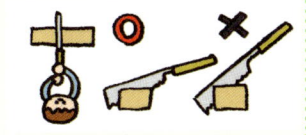

ベル人形 ニンジンちゃん

楽しいイベント！親子でいっしょに！
粘土・焼き物

人形の本体を持って左右に振ると、土のベルが"カランカラン！"と響いて鳴るよ！

作り方

① 焼成用粘土をよく練り、球体→ニンジンの形を作る。

② ①から手などをつまみ（ひねり）出したり、付けたりして好きな形にした後、丸ばしなどで顔や模様を入れる。

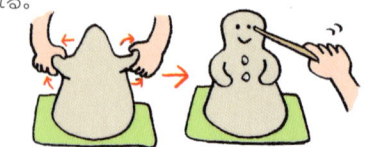

③ 輪にしてよじった針金を使って、人形の中の粘土をかき出した後、人形の背中にストローで穴を２つあける。

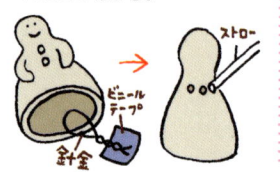

④ ③でかき出した粘土を親指の大きさに丸め、図のように端を少し平たくして、糸を通す穴をストローであけるとベルができる。

⑤ 人形に丸めた新聞紙を入れ、重ねた新聞紙の上で数日乾燥させた後、焼成する（800℃で素焼き）。

⑥ 焼成後、ひもを通したベルを、ニンジンの胴体の穴に結び付けるとでき上がり。

後ろ（下）から見たところ。

用意するもの
【材料】焼成用粘土（土粘土）、もめん糸
【用具】丸ばし、針金、ストロー、ビニールテープ、新聞紙、粘土板、竹ベラ

親子でいっしょに！

ひもづくりで作ろう！

作り方

1. 粘土をひも状（ヘビ）にし、クルクル巻きながら形を作る。

2. 粘土のひもとひもの間は、どべ（粘土に水を入れて泥状にしたもの）を付け、しっかり押さえる。

3. 好みに応じて、粘土の表面を整え成型する。

4. 焼成するとでき上がり。

板づくりで作ろう！

作り方

1. 粘土を板状にし（厚みは1cmくらい）、作りたいものの形に合わせて竹ぐしで長方形などの粘土の板を作る。

2. 粘土の板を丸めたり曲げたりして形を作る。

3. 焼成するとでき上がり。

土粘土素材の魅力＆じょうずな扱い方

土粘土は子どもの知性と感性を育てる

- 土粘土はもっとも細かい土。水分を加えると粘り（粘性）始め、形が作れる（可塑性）ようになる魔法の土。
- 水分が多いとべちゃべちゃに、水分が少ないとボロボロひび割れる扱いづらい土だが、この格闘を通じて子どもは生の自然に触れ、自然環境とのかかわりを学ぶ。このことは何よりもすばらしい環境教育の原体験となる。

土粘土は焼くと焼きものになる

- 800℃くらいで焼くことを素焼き（すやき）という。素焼きは水や水分を通すので植木鉢などに好適。
- 1200℃くらいで焼くのを本焼き（ほんやき）という。本焼きは水や空気を通さないので食器などに好適。
- 焼き物を乾燥するときは風通しのよい日陰で、新聞紙を三重くらいに敷いて乾かす。
- 焼き物にすると水分が抜け1割以上縮むので、少し大きめに作るのがコツ。

土粘土のじょうずな扱い方

- 粘土同士をひっつけるときには、粘土の接着剤「どべ」を使うと便利。
- 「どべ」は乾燥させた粘土を細かく砕いて水で溶いたどろどろの粘土のこと。
- 土粘土遊びが終わったら、粘土を水でぬらしたぞうきんでくるみ、ビニール袋に入れて封をしておくと何回でも遊べる。
- 粘土のヘラは、アイスキャンデーなどの棒でも代用可。かきベラは、0.7mmのピアノ線を輪にしてねじったもの、または針金。切り糸は、水糸（細）かタコ糸（1.0mm）で代用可能。

製作おもちゃの

材料を知りつくす！

折り紙（『いろがみ』と呼ぶ）
- 折り紙は折るためだけの紙ではない。工作時には楽器にも変身する魔法の紙。
- 折り紙は、「色のついた何にでも使える紙」という意味で「いろがみ（色紙）」と呼ぼう。
- 折り紙をするときは、「色紙で折り紙をしよう」と言おう。

ストロー
- ストローの直径には（4、4.5、5、6、8、10）mmなどがある。
- 工作では、4.5mm（または4mm）と6mmが使いやすい。
- ストローロケットは4.5mmと6mm組み合わせが最適。1mm差では難度が上がるので注意。また、色付きストローを使うと遊びが盛り上がる。

紙コップ
- 曲がるストローと並んでおもちゃ作りの必須アイテム。
- 内側は防水処理で水分に強く、外側は絵が描ける。
- 一般的なものは1杯約200mlなので、簡易計量カップにもなる。

厚紙（工作用紙）
- おもちゃづくりに使う厚紙は、碁盤目の入っているものが使いやすい。
- カラー工作用紙は薄いので、「パッチンピョーン！」（P.29）には厚めの工作用紙がよい。
- 工作用紙など紙類には紙の目があり、縦と横では強度が異なる。紙パッチンが丸まってうまく飛ばないときは、輪ゴムの張り方を調整し、工作用紙の向きを変えよう。
- 工作用紙をきれいに曲げるときは、ものさしを支えに、カルコやハサミの刃の部分でスジをつけるときれいに曲がる。

糸類
- 糸は水糸（ジェビソー0.7mm）が視認性がよく使いやすいのでおすすめ。
- タコ糸にも多種類の直径があるが、1mmが使いやすい。

達人になる！

輪 ゴム

- 輪ゴムは小さいものから（12、14、16、18）番などがある。
- おもちゃの用途で使い分けるのが大切。一種類を選ぶ場合は16番が使いやすい。
- おもちゃで使う輪ゴムは、じょうぶで伸縮性のあるもの(日本製)を使おう。

ス ズランテープ

- 重宝なカラフルロープ。縦には簡単に裂けるが、横は強靭なので不意に起こる事故に注意。
- スズランテープやひもで首飾りなどを作るときは、テープやひも同士を絶対に結ばないこと。セロハンテープで留めて安全性を確保しよう。

モ ール

- モールは保育で使う安全針金。ただし、水に弱く錆びやすい。
- アルミの針金なら直径2mmくらいが適当。針金は20番か22番が使いやすい。

紙 パック

- 紙パックは防水性に優れた工作素材。模様を隠さず効果的に使おう。
- 切り裂いて広げると強度が落ちるので、よく洗って乾燥させそのまま保管しよう。
- 表面のビニールをはがして細かくすれば、紙すきができる。

ア ルミホイル

- 両面テープを付ければキラキラテープに変身。
- 粘土のように成形もできるのが特長。大切な資源なので効果的に使おう。

ペ ットボトル

- 紙パックと並び有効な工作素材。切れ目の縁には必ずビニールテープをはり、安全確保。
- 防水性が抜群なので水遊びおもちゃに最適。キャップは車輪に使える。
- ペットボトルは再利用可能な資源材という意識を持って、大切に扱おう。

製作おもちゃの 用具を使いこなす！

紙皿
- おもちゃ作りに有効な円形材料。円形を生かして、こまや額縁などに利用できる。2つに折ればシーソーやパクパク鬼さんなどにも変身。
- 直径20cmのものがあると重宝。

割りばし
- 身近な材料の中で唯一の木製素材。面取りをしたもの、白樺材がきれいで使いやすい。
- 割りばしを短くするときは、ハサミの奥で回しながら切れ目を入れ、1周したら指で折る。
- 割りばしは、頭(太いほう)を薄く斜めに削るとのりを塗るヘラに変身。先を鉛筆削りでとがらすと、はしペン、粘土ベラにも変身。

ハサミ
- ハサミはよく切れるものを使うのが大原則。切れないハサミはけがや失敗のもと。
- 切る内容によって使う刃の部分が異なる。通常は真ん中。細かい仕事は先のほう、厚ものを切るときはハサミの奥の方を使おう。
- テープ類をハサミで切るときは、フッ素コーティングなどした専用のハサミを使い分けよう。
- 使ったハサミは、紙パックに穴をあけた手作りの収納箱などを作って入れると安全。
- ハサミは左利き用も準備。タグなどを付けて区別し、すぐわかるようにしておこう。

ビニール袋類
- ビニール袋類は材質、厚み、大きさなど多種豊富。用途に合わせてセレクトしよう。
- かんたんたこはもっとも軽い袋、パラシュートは薄くて柔らかい袋、「パクパクこいのぼり」(P.13)は動かすと音がシャリシャリなるものが楽しいなど…。
- 傘袋は小さな穴があいていることが多いので、必ず予備を用意しよう。

カッターナイフ
- カッターナイフは必ず保育者だけが使う。
- おもちゃづくりにはL型のストッパー付きのものが1つあると重宝。
- 刃が切れなくなったら、ペンチなどで折って新しい刃にする。ただし、廉価なものは刃の品質が悪いものがあり、うまく折れないことがあるので注意。
- ペットボトルを切るときなどの詳しい使い方はP.18を参照。

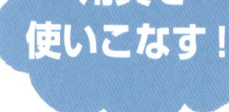

達人になる！

のり
- 接着の基本はでんぷんのりを指で塗る。しっかり留めたいときは木工用接着剤を使おう。
- スティックのりは乾燥するとパリッとはがれるのでおもちゃ作りには不向き。
- ひも、モール、ホッチキスなどは最初に試す接着剤。

木工用接着剤
- 速乾性接着剤は通常より水分が少なくなっただけのもの。通常のもので十分。
- 木工用接着剤は水で溶くことができる。この場合は、濃度が均一になるまでよく混ぜる。
- 紙や布と段ボールを接着させるときには、少し水を入れて溶いた接着剤を使うと塗りやすい。
- 木工用接着剤が使えないときは化学接着剤(Gクリアーなど)を使うと便利。

絵の具類
- 絵の具は、赤、青、黄、白の4色を基本にそろえ、混色で好きな色を作ろう。
- 2～3色を混色すると色の広がりがでる。500円玉くらいの大きさで少しずつ試す。
- 食紅は色水遊びや染め遊びに最適な材料。赤、黄、緑、空色がある。人気の黄色は、ほかの色の3倍用意すること。空色、緑は事前に注文が必要な場合がある。
- 水性ペンをコップの縁に塗ると簡単色水遊びができる。

カルコ
- 幼児教育で使う穴あけ道具は、千枚通しではなくカルコを使おう。針が短く、持ち手が蛍光色なので目だって安心・安全。
- ホームセンターの大工道具売り場で入手可能。

いろいろなものさし(知っておくと便利)
- 5円玉の穴の直径は5mm、1円玉の直径は2cm、ペットボトルのキャップは3cm、紙コップの底は5cm、縁は7cm、高さは8cm。
- 2等分、4等分、8等分はものさしで測らなくても、紙の帯を半分に1回、2回、3回折って広げると折り目が教えてくれる。

テープ
- セロハンテープは簡易接着剤と考える。〈安易な使用は子どもを賢くしない〉
- ビニールテープは保育者のセロハンテープと考えよう。色付きテープを使った例示は、遠くから見ても目だって親切。

著者

竹井 史(たけいひとし)
1959年大阪生まれ。筑波大学人間総合科学研究科後期博士課程芸術専攻満期退学。愛知教育大学教育学部創造科学系教授等を経て、現在、同志社女子大学現代社会学部現代こども学科教授。専門は美術教育学、幼児教育(造形・遊び)。これまでに、地域住民参加のイベントを15年間企画し、7万人以上の親子とふれあう。

主な著書:幼児教育関係
『子どもの表現活動と保育者の役割』
(明治図書)共著
『幼児の脳を育てるNURIE』全2巻(メイト)共著
『幼稚園教諭はじめの3年間QA事典』
(明治図書)共編著
『遊びづくりの達人になろう!3歳〜5歳の遊び55』
全3巻(明治図書)編著
『まいにちぞうけい115』(メイト)著
『造形表現』(一藝社)編著
『どろんこ遊び・水遊び・プール遊び180』
『どんぐり・落ち葉・まつぼっくり製作BOOK』
(ひかりのくに)著

製作者
あきやまりか
イケダヒロコ
中村展子
藤江真紀子
藤沢しのぶ
竹井史
MOE

イラスト
かりやぞののり子
近藤由香
ともべあり
ナシエ
常永美弥
やまざきかおり

写真
佐久間秀樹(佐久間写真事務所)
KST・クリエイションズ
(株)山田写真事務所

本文レイアウト
Circus・太田吉子

企画・編集
井家上萌・安藤憲志

校正
堀田浩之

本書のコピー、スキャン、デジタル化等の無断複製は著作権法上での例外を除き禁じられています。本書を代行業者等の第三者に依頼してスキャンやデジタル化することは、たとえ個人や家庭内の利用であっても著作権法上認められておりません。

ハッピー保育books⑲
3・4・5歳児の製作あそびネタ
作って遊べる カンタンおもちゃ

2012年10月　初版発行
2021年 7月　第15版発行

著　者　竹井 史
発行人　岡本 功
発行所　ひかりのくに株式会社

〒543-0001　大阪市天王寺区上本町3-2-14　郵便振替 00920-2-118855　TEL.06-6768-1155
〒175-0082　東京都板橋区高島平6-1-1　郵便振替 00150-0-30666　TEL.03-3979-3112
ホームページアドレス　https://www.hikarinokuni.co.jp

印刷所　凸版印刷株式会社

©2012　乱丁、落丁はお取り替えいたします。

Printed in Japan
ISBN978-4-564-60815-5
NDC376　128P　18×13cm